**DIESES BUCH IST DAS RESULTAT EINES WAHR GEWORDENEN JUNGENTRAUMS. TRÄUME WERDEN WAHR, WENN MAN RÜCKSCHLÄGE ÜBERWINDET, CHANCEN NUTZT UND SICH GEGEN ALLE WIDRIGKEITEN BEHAUPTEN KANN. ABER VOR ALLEM DANN, WENN MAN VON MENSCHEN UMGEBEN IST, DIE ES GUT MIT EINEM MEINEN.**

Ich hatte das Glück, dass Auftraggeber schon früh an die Idee von *Smokey Goodness* glaubten, dass Kollegen und Freunde ihre Netzwerke, Erfahrungen und ihre Zeit mit mir teilten, dass Lieferanten unser Streben nach Perfektion unterstützten und dass ein Team von hart arbeitenden Mitarbeitern bereit war, alles zu geben, um selbst das Unmögliche umzusetzen. Auch meine Familie stand immer bereit, um beruflich wie privat mit anzupacken, um meinen Traum Wirklichkeit werden zu lassen. Ich möchte ganz besonders meiner Frau Tiffany und unserer Tochter Josephine für ihre bedingungslose Unterstützung und Liebe danken. Ohne sie wäre ich nie so weit gekommen.

**EIN DICKES DANKESCHÖN.**

**IMPRESSUM**

HEEL Verlag GmbH
Gut Pottscheidt
53639 Königswinter
Tel.: 02223 9230-0
Fax: 02223 9230-13
E-Mail: info@heel-verlag.de
www.heel-verlag.de



Originaltitel: Smokey Goodness:
het ultieme BBQ boek

Texte und Rezepte: Jord Althuizen
Kochbuch-Redaktion: Martine Steenstra
Fotografie: Remko Kraaijeveld, Jord Althuizen
(S. 6–7, 10–11, 15, 34–35, 42–55, 72–73, 81, 87, 90–91,
102–105, 120133, 140–141, 160–173, 219),
Bart Althuizen (S. 16–17, 24–25, 138–139).
Giorgio Violino (S. 78–79, 82–83, 218)
Jesaja Hizkia Hutubesy (S. 175)
Foodstyling: Remko Kraajieveld, Jord Althuizen

Deutsche Ausgabe:
Übersetzung: Birgit van der Avoort, Havixbeck
Satz: gb-s, Königswinter
Lektorat: Helge Wittkopp



Printed in Bosnia Herzegovina

ISBN 978-3-95843-576-6

**Rezepthinweise**
Die in diesem Buch genannten Esslöffel entsprechen 15 ml, Teelöffel 5 ml. Da Löffelgrößen variieren können, empfehle ich, standardisierte Messlöffel von 15, 10, 5, 2 ½ und 1¼ ml zu verwenden, die auch als Set im Fachhandel erhältlich sind. Alle Löffelangaben in den Rezepten beziehen sich immer auf das gestrichene Maß, falls nicht anders angegeben.

MIX
Papier aus verantwortungsvollen Quellen
FSC® C110418
FSC www.fsc.org

JORD ALTHUIZEN

# SMOKEY GOODNESS

## DAS ULTIMATIVE BBQ-BUCH

HEEL

# INHALT

Coors
LIGHT
BLUE BELL
ICE CREAM
1907

Budweiser
KING OF BEERS
The Vaughan Brothers
Family Style
THE SUN

# FIRESTARTER

„Sollen wir noch beim BBQ-Festival vorbeischauen?" Nichtsahnend, welche Folgen diese Frage von Ryan, meinem amerikanischen Schwager, haben würde, antworteten meine Frau und ich mit einem begeisterten „Ja!". Wir waren zu dem Zeitpunkt, Frühjahr 2010, nach einem Nachmittag beim Wildwasserfahren in Colorado, USA, gerade wieder ins Auto gestiegen – und wir hatten richtig Hunger. In Frisco, einem winzigen Bergdorf, eröffnete sich uns wenig später eine völlig neue Welt. Vor uns lag eine Straße mit riesigen Smokern aus Stahl und kräftigen Kerlen, die mit imposanten Fleischstücken hantierten. Überall waren Flammen, Rauch und Menschen, die dem BBQ-Genuss frönten. Wir probierten an verschiedenen Ständen zum allerersten Mal langsam gegarte Spareribs, Pulled Pork und Brisket, die stundenlang mit der Wärme des Holzfeuers zubereitet worden waren.

Mit diesen Erinnerungen im Kopf war ich zwei Wochen später zum Grillen bei uns im Betrieb eingeladen. Ein typisch holländischer Grillabend mit Saté-Spießen aus dem Tiefkühlfach und Hamburgern. Sie wurden auf einer, mit einer Gasflamme erhitzten, Stahlplatte zubereitet und mit dem obligatorischen Baguette und einer Portion Husarensalat serviert. Der Unterschied konnte größer nicht sein. Qualität und Atmosphäre waren so dermaßen anders als das, was ich in Colorado kennen gelernt hatte, dass ich begriff, welche einzigartige Chance darin lag, den Niederländern diese amerikanische Art des „Grillens" näherzubringen. Zusammen mit meinen Freunden und Kollegen Derk und Freek nahm ich die Herausforderung an. Wir meldeten uns bei der niederländischen Handelskammer an, zimmerten in meiner Küche einen Verkaufsstand zusammen, mieteten uns einen echten Smoker und machten uns auf zum zweiten jährlichen *Rollende Keukens* (Küchen auf Rädern) in Amsterdam. Hier verkauften wir zum allerersten Mal gesmokte Spareribs und Pulled Pork an ein neugieriges Publikum – und trafen direkt den Geschmack der Leute.

Sechs Jahre später hat sich einiges verändert. Derk und Freek haben ihre eigenen Gastro-Träume verwirklicht und *Smokey Goodness* ist unter meiner Leitung von einem Jungentraum zu einem ernstzunehmenden Unternehmen herangewachsen. Inzwischen klappert ein Team von mehr als 40 Grillbesessenen mit unseren Riesen-Smokern Festivals in den Niederlanden und in Belgien ab und bietet ein *Smokey-Goodness*-Catering für Feiern mit 1500 Personen. Daneben organisieren wir Workshops in unserer Mancave in Delft.

Wir halten noch stets an der seit 2010 verfolgten Philosophie fest: Wir arbeiten mit Fleisch aus nachhaltiger Zucht, bereiten dieses so lange wie nötig mit echtem Feuer zu, um so die beste Qualität zu garantieren, und bieten damit das ultimative BBQ-Erlebnis. Gerade jetzt, da der BBQ-Trend richtig Fahrt aufnimmt und bei vielen der Smoker das ganze Jahr über raucht, bin ich stolz darauf, dass wir unser Wissen in diesem Buch mit allen Barbecue-Enthusiasten teilen können. Mit der vorliegenden Sammlung an Geschichten, Erlebnissen und Rezepten möchte ich Sie inspirieren und einladen, in die BBQ-Welt und den BBQ-Lifestyle einzutauchen. Leben Sie sich an den Rezepten aus, üben Sie für den nächsten BBQ-Wettkampf, bauen Sie sich Ihre eigene Hillbilly-BBQ-Feuergrube und teilen Sie Ihre Kochkünste mit Freunden. Denn genau darum geht es beim Barbecue – um das Zusammensein und den gemeinsamen Genuss von leckerem Essen und wohlschmeckenden Getränken – Lassen Sie es sich gutgehen!

SAUSAGE
HOT
(READY TO EAT)
$2.00 ea
COLD
(PRE-COOKED & CHILLED NO CRACKERS, BREAD or TAX)
$45.00 bx
BOX OF 25
SINCE 1900
MARKET
JALAPENO CHEESE SAUSAGE
HOT $ 2.50 EA.
(READY TO EAT W/ CRACKERS OR BREAD)
COLD $ 2.20 EA.
(PRECOOKED W/ NO CRACKERS OR BREAD, NO TAX)
BOX OF 25 $ 50.00
SMOKED TUR
$12.90/lb
OUR TRADITIO
SINCE 1900
NO BARBECUE SAUC
(NOTHING TO HIDE)
NO FORKS
(THEY ARE AT THE END OF YOUR
NO KIDDING
(SEE OWNER'S FACE)
JUST THE BEST BARBEC
& SAUSAGE WE CAN MA

(PER LB. W/ CRACKERS OR BREAD)
BEEF
$ 16.49
SHOULDER CLOD (LEAN)
$ 16.49
(FAT)
BRISKET
$ 18.70
BONELESS PRIME RIB
PORK
$ 14.90
CHOPS
RIBS
(PER LB. W/ CRACKERS OR BREAD)
14.90 lb.
BEEF RIBS $
13.90 lb.
PORK RIBS $

BARBECUE
SMOKE
GRILL
BBQ
100
°F
400
450
500

# BBQ-JARGON

**BARBECUE IST WEIT MEHR ALS NUR EINE KOCHTECHNIK: ES IST EIN LEBENSSTIL, MIT EIGENEN FESTIVALS, INTERNETFOREN, ZEITSCHRIFTEN UND WETTBEWERBEN UND WIRD ZU RECHT ALS INTERNATIONALE SUBKULTUR BEZEICHNET. DIESER KULINARISCHE KULT HAT SEINEN EIGENEN JARGON. DIE NACHFOLGENDE LISTE ERÖFFNET IHNEN DEN ZUGANG ZU DEN IN DIESEM BUCH VERWENDETEN BEGRIFFEN, SODASS SIE SCHON BEIM NÄCHSTEN BBQ-EVENT ALS EINGESCHWORENES CLAN-MITGLIED EIN WÖRTCHEN MITREDEN KÖNNEN.**

**3-2-1-Methode:** Amerikanische BBQ-Technik, bei der Spareribs 3 Stunden gesmokt, 2 Stunden in Aluminiumfolie gedämpft und 1 Stunde geglaced (mit einer Art Marinade „glasiert") werden. Niederländische Spareribs sind meist kleiner und dünner und somit schneller gar.

**Anzündkamin:** Metallzylinder mit Rost und Lufteinlässen an der Unterseite, die schnell für eine Glut sorgen.

**Bark:** Die knusprige Kruste auf dem Fleisch, die beim langsamen Garen im Smoker entsteht, wenn Rauch, Fleischsäfte, karamellisierter Zucker, Salz und Gewürze miteinander verschmelzen.

**BBQ:** **1.** Amerikanische Bezeichnung für eine Garmethode, bei der Fleisch über eine längere Zeit und bei niedriger Temperatur mit indirekter Hitze gegart wird. **2.** Bezeichnung für eine Veranstaltung, bei der das Essen wie in 1. beschrieben, zubereitet wird.

**BBQ-Guru:** Ein elektronisches Thermometer mit Ventilator, das die Temperatur eines mit Holzkohle oder Briketts befeuerten Grills/Smokers konstant hält.

**Boston Butt:** Amerikanischer Name für ein Stück aus der Schweineschulter, an dem noch ein Teil vom Nacken mit dem sogenannten „Money Muscle" sitzt. Beliebt wegen seiner quadratischen Form, die ein gleichmäßiges Garen erlaubt.

**Brisket (Rinderbrust):** Teil des Rinds, das zwischen den Vorderbeinen sitzt und aus zwei Muskeln besteht, dem Point (dickerer und fetterer Teil) und dem Flat (flacher, magerer Muskel). Es sind aktiv genutzte Muskeln, die eine lange Garzeit benötigen, um schön zart zu werden. Eine Spezialität beim Texas-BBQ und eine der vier Kategorien bei KCBS-Wettkämpfen.

**Burnt Ends:** Der köstliche Kanten am Point, der fast nur noch aus Kruste besteht. Hat nichts mit verbranntem Fleisch zu tun.

**Butcher-Paper:** Fettfreies Papier, das verwendet wird, um beim Smoken Brisket, Ribs und Schultern einzuwickeln, damit sie nicht überräuchern. Wird auch gerne für die „Texas Crutch" verwendet.

**Call:** Bei einem KCBS-Wettkampf werden die Top-Ten-Teams jeder Kategorie und die Gesamtgewinner genannt. Wenn der Team-Name genannt wird, heißt das „einen Call bekommen".

**Caveman-Style:** Bezeichnet alle Zubereitungen, bei denen die Zutaten ohne Grillrost direkt auf die Glut gelegt werden.

**Chips:** Kleine Holzschnitzel, die beim Verbrennen ihr Raucharoma an das Gargut abgeben.

**Chunks:** Holzstücke von meist 4 x 5 cm. Qualmen länger als Chips und werden meist für längere BBQ-Einsätze benutzt.

**Direktes Grillen:** Zubereitungsart, bei der das Grillgut auf einem Grillrost direkt über der Feuerquelle gegart wird. Kann auch auf einem Grill ohne Deckel oder in der Sidefirebox ausgeführt werden.

**Dutch Oven:** Ein gusseiserner Topf mit Deckel, der mit Kohlen auf dem Deckel und unter dem Topf geheizt wird und wie ein Ofen funktioniert.

**Gasgrill:** Teures Gerät zum Warmhalten von Tellern, auf denen das Grillgut vom echten BBQ serviert werden soll.

**Hot & Fast:** Direktes Grillen, bei dem das Gargut über einem heißen Feuer bei mindestens 180 °C gebräunt und gegart wird.

**Indirektes Grillen:** Zubereitung auf einem Grill mit Deckel oder Smoker, bei der Wärme und Rauch an einer Wasserschale oder einem Hitzeschild vorbei, oder durch die Öffnung einer separaten Feuerkammer, zum Gargut geleitet werden.

**Injektion:** Gewürzflüssigkeit, die mit einer Injektionsnadel in das Fleisch gespritzt wird, um großen Stücken wie Schulter oder Brisket zusätzlich Geschmack und Feuchtigkeit zu geben.

**KCBS:** *Kansas City Barbecue Association.* Diese Organisation ist für den ordnungsgemäßen Ablauf und die Prämierung von BBQ-Wettkämpfen zuständig, bei denen Mannschaften die vier Standardkategorien Hähnchen, Spareribs, Brisket und Schweineschulter zubereiten.

# BBQ-JARGON

**Low & Slow:** Indirektes Grillen, bei dem das Gargut bei Temperaturen zwischen 90 °C und 130 °C längere Zeit gegart wird. Durch die lange Garzeit wird das Bindegewebe in zähem, festem Fleisch in Gelatine umgewandelt. So bilden sich besondere Aromen und unvergleichlich zartes Fleisch.

**Money Muscle:** Teil des Boston Butts mit feiner Struktur. Wenn Sie dieses bei einem Wettkampf gut zubereiten, dann heißt es *you're in the money* (einen Preis gewinnen).

**Silberhaut:** Diese Haut bzw. das Rippenfell bei Schweine- und Rinderrippen muss unbedingt entfernt werden, da es sonst nach dem Smoken zäh wie Kaugummi ist.

**Pitmaster:** Hüter über Fleisch und Feuer. Durch Fühlen, Riechen, Hören und Sehen seines Feuers und die Art, wie das Gargut auf Wärme und Rauch regieren, kocht er ganz intuitiv.

**Rauchring:** Roter Ring an der Außenseite von gesmoktem Fleisch, der sich durch eine chemische Reaktion bildet.

**Reverse Sear:** Beim Rückwärtsgrillen wird ein größeres Fleischstück zunächst bis 10 °C unter der gewünschten Kerntemperatur indirekt gegrillt und anschließend kurz direkt heiß gegrillt, damit es gut bräunt und eine schöne Kruste bekommt.

**Rub:** Kräuter- und/oder Gewürzmischung, mit der Fleisch oder Fisch eingerieben wird („Rubben").

**Schweinekummer:** **1.** Das mit Rauch und Ruß gemischte Schweinefett, das beim Smoken großer Mengen Schweinefleisch entsteht und sich unten im Smoker oder in der Tropfschale sammelt. **2.** Das kleine „Getränk", das neue Mitglieder im *Smokey-Goodness*-Team trinken.

**Shiggin':** Mit einem Bier in der Hand steht man im BBQ-Wettkampf bei gegnerischen Teams, um „zufällig" mitzubekommen, welche geheimen Rezepturen und Techniken verwendet werden.

**Shiners:** Werden Spareribs zu dünn geschnitten, liegen die Knochen fast frei und scheinen durch die Fleischschicht.

**Smoker:** Speziell gebautes Grillgerät für „Low & Slow".

**Stick Burner:** Smoker, die nur mit Holzscheiten befeuert werden. Am bekanntesten ist der Barrelsmoker, der wie eine Lokomotive aussieht.

**Texas Crutch:** Das Einwickeln von Fleisch in Aluminiumfolie, um beim Smoken ein Überräuchern zu vermeiden und den „Stall" zu beschleunigen.

**The Jack:** Der renommierteste BBQ-Wettkampf der Welt in Lynchburg/Tennessee, zu dem die teilnehmenden Teams eingeladen werden.

**The Stall:** Auch Plateauphase genannt. Teil der Zubereitung von Pulled Pork und Brisket, bei dem die Kerntemperatur einige Stunden bei etwa 62–65 °C verbleibt und nicht weiter ansteigt. In dieser Zeit verdampft die Feuchtigkeit am Fleisch (Schwitzen), wodurch das Fleisch abkühlt. Nachdem die äußere Feuchtigkeit verdampft ist, steigt die Temperatur wieder und es bildet sich eine schöne Kruste.

**Trimmen:** Das Entfernen überschüssigen Fettes und Sehnen.

**Turn In:** Festgelegte Zeiten, innerhalb derer bei einem BBQ-Wettkampf die Gerichte eingereicht werden müssen.

**UDS:** Ugly Drum Smoker, ein selbst gebauter Smoker aus einem alten Ölfass.

**Walk:** Bei einem KCBS-Wettkampf bekommen die ersten fünf Plätze jeder Kategorie ein Andenken in Form einer Trophäe oder Schleife. Den Weg zum Podium, wo der Preis in Empfang genommen wird, bezeichnet man als „Walk".

SMOKEY GOODNESS

# BBQ-BASICS

# DIE ULTIMATIVE AUSRÜSTUNG

Ich kann Ihnen nicht sagen, mit welchem Grillgerät Sie arbeiten sollten. Für jeden Geschmack und jeden Geldbeutel gibt es einen passenden Grill. Das Angebot ist gigantisch. Sie können unendlich viel Geld ausgeben oder sich für eine preiswerte Variante entscheiden. Zum indirekten Grillen ist es wichtig, dass Sie die Temperatur gut kontrollieren können. Ein Grill mit Deckel und Luftschiebern ist hierbei unverzichtbar (oder sie verwenden einen Smoker). Allerdings möchte ich Ihnen zu einigen Must-haves raten, die jeder ernsthafte BBQ-Aficionado zu seiner Standardausrüstung zählen sollte. Mit diesen Arbeitswerkzeugen ist es viel einfacher, wunderbare Ergebnisse zu erzielen. Schauen Sie auch im Kapitel „Ran an den Grill" auf Seite 220 nach, um zu erfahren, wo Sie was am besten kaufen können.

### Anzündkamin

Möchten Sie ganz klassisch ohne Strom arbeiten, dann verwenden Sie einen Anzündkamin, um die Kohlen schnell anzuzünden. Unter den Anzündkamin kommen Anzündblocks (am besten die naturbelassenen braunen und nicht die chemischen weißen), in den Kamin wird die Holzkohle geschüttet. Die Anzündblocks anzünden. Durch den Kamineffekt brennt die Kohle schneller und gleichmäßiger, als wenn sie nur auf dem Grill verteilt wird. Denken Sie daran, dass sich anfangs viel Rauch entwickelt und dass Holzkohle schneller als Briketts brennt.

### BBQ-Guru

Authentisches Barbecue muss nicht schwierig sein, wenn die richtigen Utensilien zum Einsatz kommen. Der *BBQ-Guru* ist quasi ein kleiner Computer, der die eingestellte Temperatur im Grill/Smoker hält. Er misst die Umgebungstemperatur im Grill und bläst, sobald diese sinkt, mit einem kleinen Ventilator Luft über die Kohlen. Es gibt den *BBQ-Guru* in mehreren Ausführungen – vom einfachen batteriebetriebenen *PartyQ* bis zum komplexen *CyberQ Wifi*, mit dem Sie übers Internet die Temperatur Ihres Grills/Smokers fernsteuern können.

### Digitale Thermometer

„Messen ist Wissen, mit Raten ist man verraten" ist ein viel gehörter Spruch in der Küche, der auch beim Barbecue durchaus seine Berechtigung hat. Wenn man genau weiß, welche Temperatur gerade im Grill herrscht oder welche Kerntemperatur das Fleisch hat, kann man auch entscheiden, ob der Grill auf die richtige Temperatur eingestellt ist und wie weit der Garprozess vorangeschritten ist, ohne das Fleisch anzuschneiden. Es gibt zwei Ausführungen: ein Thermometer mit einem langen Draht, das während des Grillens in der Garkammer bzw. im Fleisch bleibt, und eine Variante, die hinein- und direkt wieder herausgezogen wird. Ich empfehle Ihnen, beide anzuschaffen.

### Handschuhe

Gute Handschuhe, mit denen Sie heiße Grills und Grillroste anfassen können, sind zu Ihrer eigenen Sicherheit ein absolutes Muss. In jedem Laden mit Grillequipment können Sie Grillhandschuhe kaufen, doch auch im Baumarkt finden Sie passende Handschuhe – zudem meist billiger und genauso gut.

### Injektionsnadel

Beim langsamen Garen von Schweineschulter und Rindfleisch, wie etwa Brisket, empfiehlt es sich, das Fleisch von innen mit einer injizierten Flüssigkeit zu aromatisieren. So bekommt das Fleisch zusätzlich Geschmack und trocknet nicht aus. Hierzu benötigen Sie eine Injektionsnadel. Wählen Sie möglichst keine billige Plastiknadel, sondern investieren Sie in ein Edelstahlmodell. Daran haben Sie länger Freude, denn sie bricht nicht so schnell ab wie eine Plastiknadel.

### Kreuzschraubendreher

Den brauchen Sie unbedingt, wenn Sie die Silberhaut von Spare- und Beef-Ribs entfernen wollen. Außerdem lassen sich damit auch lockere Schrauben am Grillgerät festdrehen.

### Looftlighter

Mein Lieblingszubehör ist der Looftlighter, mit dem Sie im Handumdrehen Kohlen anzünden können. Es ist im Prinzip ein hochgezüchteter Farbabbrenner, bei dem Sie lediglich den Stecker in die Steckdose stecken, den Knopf eindrücken und einige Sekunden warten, bis die Holzkohle anfängt zu glühen. Am besten klappt es mit Holzkohle, denn härtere Briketts brauchen etwas länger, bis sie glühen.

### Stahlbürste

Unverzichtbar zum Reinigen der Grillroste. Mein Tipp: Kaufen Sie die Bürste nicht im Grillgeschäft, sondern steuern Sie für ein Stahlbürsten-Set direkt den Baumarkt an. Diese kosten dann nur einen Bruchteil dessen, was Sie für „spezielle" Grillbürsten bezahlen und sind durch die härteren Borsten auch noch langlebiger.

### Zangen

Hier gilt: Lassen Sie die billigen Grill-Sets lieber links liegen und investieren Sie stattdessen in eine gute Grillzange. Wenn Sie mit größeren Fleischstücken am Grill hantieren, sollten Sie das Fleisch sicher greifen und wenden können und nicht mit einer schlechten Aluminiumzange arbeiten. Ich verwende zwei Zangen: eine Fleischzange und eine Kohlenzange, mit der ich glühendes Holz und Holzkohle im Grill bewegen kann.

LOOFTLIGHTER®
BBQ GURU
PIT BULL

# TECHNIKEN

**„KEEP IT SIMPLE, STUPID“, AUCH ALS KISS-PRINZIP BEKANNT, DAS SIE BEIM GRILLEN UNBEDINGT BEHERZIGEN SOLLTEN. DIE MEISTEN LEUTE KÖNNEN EINIGERMASSEN GUT KOCHEN, DOCH SOBALD ES UM BARBECUE GEHT, STEHEN SIE PLÖTZLICH MIT WACKLIGEN KNIEN HINTER EINEM SACK MIT HOLZKOHLE. ABSOLUT UNNÖTIG, DENN BARBECUE IST IM PRINZIP NICHT SCHWIERIGER ALS KOCHEN IN DER KÜCHE. SIE MÜSSEN NUR DIE RICHTIGEN ENTSCHEIDUNGEN TREFFEN UND DIE TEMPERATUR IM AUGE BEHALTEN, DER REST KOMMT VON GANZ ALLEIN. ALSO GENIESSEN SIE IHR BIER UND ENTSPANNEN SIE SICH.**

## Die richtige Entscheidung

Irgendwo muss in der kulinarischen Geschichte der Niederlande geschrieben stehen, dass Grillen mit riesigen Mengen an verschiedenen Fleischsorten gleichzusetzen ist. Als Folge davon steht der durchschnittliche Outdoorkoch schwitzend vor einem Grillrost, der mit Hähnchenkeulen, Speckstreifen, Steaks und Fischpäckchen überladen ist, während das Fleisch durch die Flammen hindurch gewendet wird. Alles muss pünktlich um 17.30 Uhr auf dem Tisch stehen? Auf keinen Fall! Wenn wir das Ganze einfach halten und uns entweder für ein Gericht entscheiden oder dafür, die Gäste einen Mittag lang mit verschiedenen, nacheinander auf den Grill gelegten Häppchen zu verwöhnen, bleiben wir im Relax-Modus und steigern gleichzeitig die Qualität ganz gewaltig. Also Schluss mit diesem Grillallerlei!

## Temperatur ist der Schlüssel

120 °C

Feuer + Sauerstoff = großes Feuer. Feuer – Sauerstoff = kleines Feuer. Das ist das Schwierigste, das Sie sich merken müssen, wenn ihr Barbecue ein Erfolg werden soll. Wollen Sie die Temperatur unter Kontrolle halten, dann müssen Sie die Sauerstoffzufuhr für die glühenden Kohlen regulieren. Der Deckel des Kugelgrills soll keinen Regen abhalten, sondern die Kohlen vor zu viel Sauerstoff schützen. Unten im Grill und im Deckel befinden sich Schlitze, die geöffnet und geschlossen werden können. Durch die Regulierung der Öffnungen können Sie genau die richtige Luftzufuhr und somit die Temperatur einstellen. Lernen Sie, ihrem Thermometer zu vertrauen und heben Sie nicht alle naselang den Deckel hoch, um zu sehen, wie weit das Grillgut schon gegart ist.

## Spiel mit dem Geschmack

Beim Barbecue gibt es verschiedene Möglichkeiten, einem Gericht Geschmack zu verleihen. Durch Zutaten, Marinaden, Saucen und Kräutermischungen schaffen Sie die Grundlage. Die Wahl der Zubereitungsart, wie beispielsweise direktes, indirektes Grillen oder Smoken sorgt dann für einen weiteren Geschmacksakzent. Passen Sie Produkte und Zutaten der gewählten Zubereitung an. Marinaden und Kräutermischungen mit viel Zucker verbrennen schnell und eignen sich weniger gut fürs direkte Grillen. Dickere Fleischstücke werden bei langsamer Zubereitung und bei niedriger Temperatur schön zart und saftig, während Räucherholz für ein süßes Aroma sorgt oder einen unangenehm kräftigen Rauchgeschmack hineinbringt. In jedem Rezept gebe ich Ihnen durch die Symbole eine erste Hilfestellung. Die Symbole verweisen auf die Art der Zubereitung und die Temperatur, bei der Sie die besten Ergebnisse erzielen, auch zeigen sie an, welches Räucherholz (eventuell) benötigt wird.

## Direktes Grillen

Beim Grillen unterschieden wir zwei Grundtechniken: das direkte und das indirekte Grillen. Beim direkten Grillen werden kleinere Fleischstücke, Fisch oder Gemüse direkt über der Glut bei hoher Temperatur kurz gebraten. Beim direkten Grillen können Sie mit zwei Temperaturzonen arbeiten: einer sehr heißen Zone (etwa 350 °C) und einer mittelheißen Zone (150 °C). Das Grillgut wird auf der heißen Fläche sehr stark angebraten und gart dann auf der weniger heißen Fläche weiter, bis es die gewünschte Kerntemperatur erreicht hat. Auch die umgekehrte Reihenfolge ist möglich. Diese Technik nennt man „Rückwärtsgrillen“ oder *reverse sear*. Dabei wird beispielsweise ein dickes Côte de Bœuf schonend bis kurz unter die gewünschte Kerntemperatur gegart, die Röstaromen werden dann schnell vor dem Servieren auf dem heißen Teil des Grills erzeugt. Fürs direkte Grillen eignen sich alle Grills und Smoker.

## Indirektes Grillen

Beim indirekten Grillen liegen große Fleischstücke neben der Hitzequelle und werden durch die heiße Luft langsam gegart. Gegart wird bis zu 16 Stunden (etwa bei Pulled Pork oder ganzen Schweinen) bei niedriger Temperatur (zwischen 95 °C und 125 °C).

Das Schöne an dieser Technik ist, dass sich selbst weniger zarte Stücke wie durch Zauberhand in besonders saftige Gerichte mit viel Geschmack verwandeln. Indirektes Grillen gelingt nur auf einem Grill mit Deckel oder in einem Smoker. Aufgrund des geschlossenen Systems eignet sich die Technik perfekt zum Arbeiten mit Räucherholz. Beim indirekten Grillen kann eine Wasserschale benutzt werden, die als eine Art Puffer die Temperatur stabil hält und für eine höhere Feuchtigkeit im Grill sorgt.

# BRENNMATERIAL

**WAS IST DAS SCHÖNSTE AM BARBECUE? DIE ZUBEREITUNG GROSSARTIGER GERICHTE MIT VIEL GESCHMACK ODER VIELLEICHT DOCH DAS BRENNENDE FEUER? ICH GENIESSE BEIDES IN VOLLEN ZÜGEN, SODASS SIE MICH, TROTZ DER BEQUEMEN HANDHABUNG, KAUM MIT EINEM GASGRILL ERWISCHEN WERDEN. ES IST TEIL DES VERGNÜGENS, MIT KOHLE UND HOLZSCHEITEN UMZUGEHEN UND ZU SEHEN, WIE DAS FEUER AUF UNTERSCHIEDLICHE WITTERUNGSBEDINGUNGEN UND DAS GEWÄHLTE BRENNMATERIAL REAGIERT.**

Wenn Sie gutes Brennmaterial suchen, das gleichmäßig brennt, wenig Asche produziert und keine unangenehmen Aromen abgibt, sollten Sie nicht bei der Tankstelle einkaufen. Lassen Sie die billigen Sachen liegen und wählen Sie mit Bedacht, genau wie bei den Zutaten, die passende Holzkohle und Briketts. Holzkohle brennt kürzer und heißer und ist daher besser zum direkten Grillen geeignet. Briketts hingegen brennen mit einer niedrigeren Temperatur und länger: Sie sind somit ideal für das indirekte Grillen, also für längere Garzeiten, geeignet.

## Holzkohle

Es werden unterschiedliche Arten von Holzkohle angeboten. Maßgeblich für die Qualität sind Holzart und Größe der Holzstücke. Genau wie bei Räucherholz gibt jede Holzart, die zur Herstellung von Holzkohle verwendet wird, ein ganz eigenes Aroma ab. Daneben bestimmt die Holzhärte den Brennwert und damit die Brenndauer. Billige Holzkohle wird häufig aus Weichhölzern hergestellt und brennt somit schneller ab, als die etwas teureren Säcke mit Hartholz. Außerdem findet sich in billiger Holzkohle oft viel Unrat wie etwas Kies und Steine. Billige Holzkohle ist weggeworfenes Geld. Neben Brenndauer und Aroma ist die Größe der Stücke in einem Sack nicht unwichtig. In Säcken mit billiger Holzkohle finden sich zahlreiche kleine Stücke, die für eine zu kompakte Füllung im Grill sorgen – was wiederum die Zufuhr von Sauerstoff zwischen den Kohlen behindert. Sie werden selbst erleben, dass der Grill dadurch nur schwer eine stabile und konstante Temperatur halten kann. Gute Holzkohle besteht aus tennisballgroßen Stücken. Diese brennen lange und ermöglichen eine ausreichende Sauerstoffzufuhr zwischen den Kohlen. Gehen Sie in ein Grillgeschäft und informieren Sie sich über die verschiedenen Sorten, die erhältlich sind. So finden Sie die Holzkohle, die Ihrer Arbeitsweise entspricht. Ich bevorzuge argentinisches Hartholz, denn es brennt gut, lange und gleichmäßig und gibt auch bei längerem Grillen seinen angenehmen würzigen Duft ab.

## Briketts

Noch mehr als bei Holzkohle, gilt für Briketts die Devise, die billigen Säcke stehen zu lassen. Zum Formen der Briketts werden chemische Füllstoffe und anderer Unrat verwendet. Außerdem hinterlassen sie beim Verbrennen viel Asche, die das Feuer schneller ausgehen lässt. Gute Briketts, die besonders lange brennen und wenig Asche zurücklassen, sind Kokosbriketts. Diese werden in der bekannten Brikettform und als Blöcke angeboten, die auffallend wenig Platz brauchen. Der allerneuste Trend heißt *Greek-Fire*. Diese Briketts brennen besonders hell und durch ihre Röhrenform kann der Sauerstoff noch besser strömen, was wiederum eine optimale, gleichmäßige Verbrennung zur Folge hat.

## Räucherholz

Holz zum Räuchern und Smoken wird in unterschiedlichen Formen angeboten. So gibt es Räuchermehl, Chips, Chunks und ganze Scheite. Räuchermehl wird vor allem zum Kalträuchern verwendet. Durch das Schwelen des Mehls entsteht Rauch, doch die Temperatur steigt nur wenig an. Es ist gut zum Kalträuchern von Fisch, Butter, Käse und Wurstwaren geeignet. Chips sind kleine Räucherholzschnitzel, die vor dem Gebrauch in Wasser eingeweicht werden sollten, um zu verhindern, dass sie zu schnell verbrennen. Eine Stunde in Wasser, Wein oder Bier einweichen, die Flüssigkeit abgießen und die Chips über die glühenden Kohlen streuen. Für eine längere Smokezeit, die Chips in Aluminiumfolie wickeln und das Päckchen mit der Gabel mehrmals einstechen. Chunks sind mandarinengroße Räucherholzstücke. Ohne vorheriges Einweichen brennen sie gleichmäßig, sodass sie lange Rauch abgeben. Holzscheite werden nur in großen Smokern benötigt, die auch unter der Bezeichnung *Stickburner* bekannt sind. Nicht jedes Holz ist zum Smoken geeignet. Nadelholz ist nicht ideal, denn das Harz im Holz gibt einen unangenehm scharfen Rauchgeschmack ab. Beschränken Sie sich bei Räucherholz auf Holz von Laubbäumen, das Sie fertig zugeschnitten kaufen können.
Nicht jede Holzart harmoniert mit allen Zutaten. Das milde und süße Apfelholz harmoniert wunderbar mit Schweinefleisch, doch ist nicht kräftig genug für Rindfleisch. Hickory ist hingegen sehr rauchig und würzig, sodass es den Geschmack von feinem Geflügelfleisch zu sehr dominiert. Bei jedem Rezept finden Sie daher einen Vorschlag für eine Holzart, doch sollten Sie selbst mit verschiedenen Kombinationen und Mischungen experimentieren.

# BBQ-GESCHMACK

# RUBS

**AMERIKANER NENNEN GETROCKNETE KRÄUTERMISCHUNGEN, MIT DENEN SIE FLEISCH AROMATISIEREN, EINEN RUB, DA DIE KRÄUTER VORHER GRÜNDLICH IN DAS FLEISCH GERIEBEN ODER EINMASSIERT WERDEN. WENN SIE DAS FLEISCH MIT DIESEN MISCHUNGEN WÜRZEN, SOLLTEN SIE DARAN DENKEN, EVENTUELL ETWAS ZUCKER UNTERZUMISCHEN. ER SORGT BEI „LOW & SLOW" FÜR EINE FANTASTISCHE KRUSTE. ABER ACHTUNG: ZUCKER WIRD BITTER, WENN ER VERBRENNT. RUBS SIND DAHER WENIGER GUT ZUM DIREKTEN GRILLEN BEI HOHEN TEMPERATUREN GEEIGNET. FÜR DIE RUBS WERDEN ALLE ZUTATEN GEMISCHT. IN EINEM LUFTDICHTEN GEFÄSS HALTEN SIE SICH MINDESTENS 3 MONATE.**

## „PIGGY MIX"-BBQ-KRÄUTER

*Zutaten (für 300 g)*

50 g Paprikapulver
50 g geräuchertes Paprikapulver
50 g Zucker
25 g brauner Zucker
20 g Knoblauchgranulat
2 TL Fenchelpulver
25 g Zwiebelgranulat
1 TL Chilipulver
1 TL Senfpulver
2 TL getrocknetes Basilikum
2 TL getrockneter Thymian
½ TL Zimt
50 g Salz
1 EL schwarzer Pfeffer, frisch gemahlen

## SMOKEY'S BEEF-RUB

*Zutaten (für 300 g)*

30 g Paprikapulver
30 g geräuchertes Paprikapulver
10 g gemahlenes Rauchsalz
30 g Zucker
20 g brauner Zucker
20 g Knoblauchgranulat
20 g Zwiebelgranulat
1 EL Chilipulver
1 EL Kaffeepulver
1 EL Kakaopulver
1 EL getrockneter Oregano
1 TL Kümmel, gemahlen
70 g grobes Meersalz
3 EL Lampong-Pfeffer (oder schwarzer Pfeffer), zerstoßen

## „CHICK MIX"-BBQ-KRÄUTER

*Zutaten (für 300 g)*

60 g Fruit Pepper Lemon (fruchtiger Pfeffer mit Zitrone; z. B. von Verstegen)
40 g Paprikapulver
20 g geräuchertes Paprikapulver
50 g Zucker
20 g brauner Zucker
30 g Knoblauchgranulat
20 g Zwiebelgranulat
1 TL Chilipulver
2 EL getrocknetes Basilikum
1 EL getrockneter Thymian
1 EL getrockneter Rosmarin
20 g Salz
1 EL schwarzer Pfeffer, frisch gemahlen

# BBQ-SAUCEN

**ES GIBT PURISTEN (VOR ALLEM TEXANER), DIE BEHAUPTEN, DASS BBQ-SAUCEN AUF FLEISCH SÜNDE SEIEN. NA JA, DANN SÜNDIGE ICH GERN, DENN, BOY OH BOY, WIE KÖSTLICH SIND DIESE GRILLSAUCEN DOCH ZU UNTERSCHIEDLICHEN GRILLGERICHTEN. SIE KÖNNEN FERTIGE GRILLSAUCEN KAUFEN (WIR VON SMOKEY GOODNESS EMPFEHLEN DIE SAUCEN VON SMOKEY GOODNESS), DOCH SELBST GEMACHTE SAUCEN SIND NATÜRLICH VIEL BESSER. WIR STELLEN IHNEN FÜNF SAUCEN UND EIN GRUNDREZEPT FÜR EINE MOPPSAUCE ZUM SPRÜHEN VOR, DOCH SIE KÖNNEN GERN NACH LUST UND LAUNE EXPERIMENTIEREN. DIE MÖGLICHKEITEN FÜR EINE GUTE GRILLSAUCE SIND NAHEZU UNBEGRENZT.**

## SMOKEY'S ORIGINAL-BBQ-SAUCE

*Zutaten (für 1 l)*

100 g Cidre-Essig
75 ml Cola
75 ml Apfelsaft
2 EL glutenfreie Sojasauce
50 ml Worchestershiresauce
4 EL brauner Zucker
2 EL Melasse (oder ersatzweise Apfelsirup)
1 TL Tabasco
3 EL „Piggy Mix"-BBQ-Kräuter (siehe Seite 27)
½ l Ketchup
100 ml Honig
3 EL Balsamico-Creme

*Zubereitung*

In einem Topf den Cidre-Essig, die Cola, den Apfelsaft, die Sojasauce und die Worchestershiresauce stark erhitzen, aber nicht kochen. Den Zucker, die Melasse, den Tabasco und die „Piggy Mix"-BBQ-Kräuter unterrühren, damit sich alle Zutaten gut auflösen. Dann den Ketchup, den Honig und die Balsamico-Creme glatt unterrühren. Die Mischung 15 Minuten bei geringer Hitze ziehen lassen und anschließend vollständig abkühlen lassen. In einem verschließbaren Behälter ist die Sauce 1 Woche im Kühlschrank haltbar.

## „HOLY SMOKE THAT'S HOT"-SAUCE

*Zutaten (für 1 l)*

2 EL Olivenöl
1 große Zwiebel, geschält und fein gehackt
2 Knoblauchzehen, geschält und fein gehackt
2 scharfe frische Chilischoten, fein gehackt (z. B. Madame Jeanette oder Scotch Bonnet; Schärfe nach eigenem Geschmack)
100 ml Smokey's Original-BBQ-Sauce (siehe links)

*Außerdem:*
Pürierstab

*Zubereitung*
In einem Topf das Öl erhitzen und darin die Zwiebel, den Knoblauch und die fein gehackten Chilischoten glasig und weich anschwitzen (etwa 5 Minuten bei mittlerer Hitze). Den Tomatensaft und die Smokey's Original-BBQ-Sauce unterrühren und alles aufkochen lassen. Dann 5 Minuten ziehen lassen und mit einem Pürierstab pürieren. Die Sauce durch ein Sieb seihen und vollständig abkühlen lassen. In einer verschließbaren Flasche hält sie sich 1 Woche im Kühlschrank.

## „BOLD & BEEFY"-BBQ-SAUCE

*Zutaten (für 1 l)*
50 g Cidre-Essig
100 ml Cola
100 ml Espresso
6 EL glutenfreie Sojasauce
200 ml Worcesterhiresauce
3 EL brauner Zucker
3 EL Melasse (oder ersatzweise Apfelsirup)
1 TL Tabasco
3 EL Smokey's Beef-Rub (siehe Seite 27)
3 EL Balsamico-Glace
2 EL Speisestärke
4 EL Wasser
½ l Ketchup
1 TL Kakaopulver
2 EL Honig
3 EL schwarzer Lampong-Pfeffer, zerstoßen

*Zubereitung*
In einem Topf den Cidre-Essig, die Cola, den Espresso, die Sojasauce, die Worcestershiresauce, den Zucker, die Melasse, den Tabasco, den Smokey's Beef-Rub und die Balsamico-Glace zum Kochen bringen. Die Speisestärke in einer kleinen Schüssel im Wasser auflösen und unter die Sauce rühren. Die Sauce erneut aufkochen lassen. Zum Schluss den Ketchup, das Kakaopulver, den Honig und den schwarzen Pfeffer zugeben und unter Rühren stark erhitzen, aber nicht kochen. Den Topf anschließend von der Hitzequelle nehmen. In einer verschließbaren Flasche hält sich die Sauce 1 Woche im Kühlschrank.

## SMOKEY'S PIG-SPRAY

*Zutaten (für 0,3 l)*
100 ml Apfelsaft
100 ml Cidre-Essig
100 ml Whisky

*Außerdem:*
kleine Sprühflasche mit Vernebelungseinstellung

*Zubereitung*
Alle Zutaten mischen und in die Sprühflasche füllen. Das Spray eignet sich zum Moppen von Schweineschultern, Spareribs und deftigen Schinken. So bleibt das Fleisch immer feucht und erhält eine schöne Kruste.

## KENTUCKY-BOURBON-BBQ-SAUCE

*Zutaten (für 1 l)*
150 ml Bourbon
50 ml Honig
800 ml Smokey's Original-BBQ-Sauce (siehe Seite 28)

*Zubereitung*
Alle Zutaten verrühren. In einer verschließbaren Flasche ist die Sauce 1 Woche im Kühlschrank haltbar.

## CAROLINA-ESSIGSAUCE

*Zubereitung (für ½ l)*
½ l Cidre-Essig
2 EL brauner Zucker
1 EL Ketchup
1 EL Tabasco
1 TL Chipotle-Flocken, im Mörser oder in der Getreidemühle gemahlen
1 TL schwarzer Pfeffer, frisch gemahlen
1 TL Salz

*Zubereitung*
Alle Zutaten in einer Rührschüssel mischen. In einem verschließbaren Behälter ist die Sauce 1 Woche haltbar.

# WÜRZSAUCEN & SALSAS

**AUSSER SAUCEN GIBT ES NOCH ANDERE LECKERE BEILAGEN UND WÜRZEN, DIE GRILL-GERICHTE HERRLICH AUFPEPPEN KÖNNEN. VIELE BBQ-GERICHTE SIND OFTMALS ETWAS FETTLASTIG. EINE SAURE KOMPONENTE ÖFFNET DIE GESCHMACKSKNOSPEN UND SORGT DAFÜR, DASS DAS AROMA IN SEINER GANZEN FÜLLE ZU SCHMECKEN IST. IN AMERIKA-NISCHEN BBQ-RESTAURANTS WERDEN DAHER HÄUFIG GEWÜRZGURKEN ALS GARNITUR AUF EINER GRILLFLEISCH-PLATTE SERVIERT.**

## EINGELEGTE ROTE ZWIEBEL

*Zutaten (für 250 g)*

1 große rote Zwiebel, geschält und in feine Ringe geschnitten
1 l kochendes Wasser
1 TL Zucker
200 ml Cidre-Essig
2 Zweige Thymian
4 schwarzer Pfefferkörner
2 Wacholderbeerenf
1 Knoblauchzehe, geschält und halbiert
½ frische rote Chilischote, in feine Ringe geschnitten
1 TL Salz

*Zubereitung*

Die roten Zwiebelringe in ein Sieb geben und mit kochendem Wasser übergießen. Abtropfen lassen. In einer Schüssel den Zucker, das Salz und den Cidre-Essig verrühren, bis sich der Zucker und der Essig aufgelöst haben. Dann die übrigen Zutaten und die abgetropfte Zwiebel zugeben und das Ganze mindestens 1 Stunde marinieren lassen. In einem Schraubglas sind die Zwiebelringe 1 Woche haltbar.

## BOURBON-BACON-CHILI-MARMELADE

*Zutaten (für 700 ml)*

750 g geräucherter Bacon, in Scheiben
4 Schalotten, geschält und fein gehackt
1 süße weiße Zwiebel, geschält und fein gehackt
2 frische rote Chilischoten, fein gehackt
1 TL Chilipulver
1 TL geräuchertes Paprikapulver
150 ml Bourbon
100 ml Ahornsirup
70 ml Balsamicoessig
100 g brauner Zucker

*Zubereitung*

Den Bacon in einer Pfanne goldbraun und knusprig braten und anschließend auf Küchenpapier abtropfen lassen. Bis auf 1 Teelöffel das Fett aus der Pfanne löffeln. In der Pfanne die Schalotten, die Zwiebel und die Chilis anschwitzen. Das Chilipulver und das geräucherte Paprikapulver zugeben und alles gut mischen. Mit dem Bourbon ablöschen und dann den Ahornsirup und den Balsamicoessig zufügen und alles zum Kochen bringen. Etwa 3 Minuten kochen lassen. Inzwischen den knusprig gebratenen Bacon möglichst fein hacken und in die Pfanne geben. Zum Schluss den Zucker unter die „Marmelade" rühren. Unter Rühren noch mindestens 10 Minuten bei mittlerer Hitze weiterköcheln lassen. Sie sollte eine schöne dicke Konsistenz haben. In einem Schraubglas ist sie 1 Woche im Kühlschrank haltbar.

## CHIMICHURRI

*Zutaten (für ¼ l)*

6 Knoblauchzehen, geschält und fein gehackt
3 frische Lorbeerblätter, ohne Stängel und fein gehackt
2 frische grüne Jalapeño-Chilischoten, fein gehackt, mit Kernen
1 rote Chilischote, fein gehackt, mit Kernen
1 Bund Petersilie, sehr fein gehackt
½ Bund frischer Oregano, sehr fein gehackt
¼ Bund Koriander, sehr fein gehackt
70 ml Weißweinessig
160 ml Olivenöl von guter Qualität
1 EL grobes Meersalz
schwarzer Pfeffer, frisch gemahlen

*Zubereitung*

Eine gute Chimichurri-Sauce erfordert etwas Zeit fürs Kleinschneiden, aber bitte stecken Sie die Zutaten niemals in einen Mixer, nur weil es vielleicht schneller geht. Dann werden die Kräuter und der Knoblauch eher püriert und Sie erhalten keine frische grüne Kräutersauce. Zuerst die fein gehackten Kräuter mit den restlichen Zutaten mischen und würzen. Chimichurri muss frisch, leicht salzig und würzig sein. Eventuell nach Belieben noch etwas mehr Salz, Pfeffer und Essig zufügen.
Die Chimichurri-Sauce ist mit einer Schicht Öl bedeckt 1 Woche im Kühlschrank haltbar.

## ANANAS-PAPRIKA-SALSA

*Zutaten (für 400 g)*

1 Ananas
2 große Spitzpaprikas
1 EL Olivenöl
1 große rote Zwiebel, geschält und fein gehackt
3 frische Jalapeño-Chilischoten, fein gehackt, mit Kernen
2 Frühlingszwiebeln, in dünne Ringe geschnitten
2 EL frischer Koriander, fein gehackt
1 Zitrone, Saft
1 Msp. Kreuzkümmel, gemahlen
1 TL brauner Zucker
Salz und schwarzer Pfeffer, frisch gemahlen

*Zubereitung*

Den Grill für das direkte Grillen vorbereiten und auf eine Temperatur von etwa 350 °C erhitzen. Die Ananas schälen, den Strunk entfernen und das Fruchtfleisch in 5 mm dicke Scheiben schneiden. Die Spitzpaprikas halbieren, vom Stielansatz und Kerngehäuse befreien und mit dem Olivenöl beträufeln. Die Ananasscheiben und die Spitzpaprikas grillen, bis sie deutliche Grillstreifen zeigen. Die Ananas und die Spitzpaprikas in 5 x 5 cm große Würfel schneiden. Das gegrillte Gemüse mit den übrigen Zutaten mischen und mit Salz und Pfeffer würzen.

## LOUISIANA-COLESLAW

*Zutaten (für 350 g)*

5 EL Mayonnaise
3 EL Cidre-Essig
1½ EL grober Senf
1 TL Senfpulver
1½ EL Honig
Salz und schwarzer Pfeffer, frisch gemahlen
100 g Rotkohl, gewaschen und fein geschnitten
100 g Weißkohl, gewaschen und fein geschnitten
1 rote Zwiebel, geschält und fein gehackt
1 kleine Karotte, in Julienne geschnitten (oder geraspelt)
1 EL glatte Petersilie, fein gehackt

*Zubereitung*

In einer kleinen Schüssel die Mayonnaise, den Cidre-Essig, den groben Senf, das Senfpulver, den Honig, das Salz und den Pfeffer zu einem Honig-Senf-Dressing verrühren. In einer Salatschüssel den Rot- und den Weißkohl, die Zwiebel, die Karotte und die Petersilie gut mischen. Mit dem angerührten Dressing mischen. Wird das Dressing erst kurz vor dem Servieren untergemischt, bleibt der Salat frisch und knackig.

## GRILLMAIS-SALSA

*Zutaten (für 400 g)*

2 frische Maiskolben
2 EL Olivenöl
½ Rettich, geschält und sehr fein gewürfelt
100 g schwarze Bohnen, abgetropft und abgespült
2 große Tomaten, von den Kernen befreit, sehr fein gewürfelt
2 rote Zwiebel, geschält und sehr fein gewürfelt
1 frische rote Paprikaschote, vom Kerngehäuse befreit
¼ Bund frischer Koriander, fein gehackt
1 unbehandelte Limette, Saft und fein gehackte Schale
Salz und schwarzer Pfeffer, frisch gemahlen

*Zubereitung*

Die Maiskolben mit Öl einpinseln und mit Salz und Pfeffer würzen. Den Grill für direktes Grillen vorbereiten und auf eine Temperatur von 350 °C erhitzen. Die Maiskolben 5–8 Minuten grillen, bis sie eine goldbraune Farbe bekommen haben. In eine Schüssel geben, mit Aluminiumfolie abdecken und 5 Minuten nachgaren lassen. Mit einem scharfen Messer die Körner von den Maiskolben lösen und diese mit den restlichen Zutaten mischen.

## RÖSTPAPRIKA-SALAT

*Zutaten (für 400 g)*

6 rote Spitzpaprikas
4 EL Olivenöl
2 EL Weißweinessig
100 g Feldsalat
12 Kapernäpfel, abgetropft und halbiert
4 EL Pinienkerne, geröstet
Salz und schwarzer Pfeffer, frisch gemahlen

*Zubereitung*

Die roten Spitzpaprikas mit 2 EL Olivenöl beträufeln und mit Salz und Pfeffer würzen. Den Grill für direktes Grillen vorbereiten und auf eine Temperatur von 350 °C erhitzen. Die Paprikas 5–8 Minuten grillen, bis die Haut schwarz wird. Die gegrillten Paprikas in eine Schüssel legen, mit Frischhaltefolie abdecken und ½ Stunde abkühlen lassen. Mit einem Messer die Haut der Paprikas abkratzen, das Fleisch halbieren und von Kerngehäuse und Stielansatz befreien. Das Fruchtfleisch in lange, 2 cm breite Streifen schneiden. Für das Dressing die restlichen 2 EL Olivenöl mit dem Weißweinessig verrühren und mit Salz und Pfeffer würzen. Die Paprikastreifen mit dem Feldsalat, den Kapernäpfeln und den Pinienkernen anrichten und das Dressing untermischen.

GUINNESS

BUD LIGHT
NFL
TRADESMA
The One and Only
NEWCASTLE BROWN ALE
SWEETWATER
EXTRA PALE ALE
420
Shonuff
www.facebook.com/charlestonshonuff
SWIMANDDIVE
UMPH LOVE

# BIER

*(Das eine oder andere hier angesprochene Bier bekommen Sie eventuell in Deutschland nicht. Aus Gründen der Authentizität haben wir darauf verzichten, die Biere durch ähnliche zu ersetzen, die hierzulande angeboten werden.)*

**BBQ und Bier passen wunderbar zusammen, das muss Ihnen niemand mehr erklären. Nachfolgend finden Sie eine Übersicht von Bieren, die ich selbst gern genieße. In den Rezepten mache ich Ihnen Vorschläge für schmackhafte Bier-Gewürz-Kombinationen. Das entsprechende Symbol weist Ihnen den Weg! „Bottoms up!"**

## Tank 7 Farmhouse Ale Boulevard Brewing Company – USA

Ganz oben auf der Bierliste steht mein persönlicher Favorit: *Tank 7 Farmhouse Ale*. Dieses Bier aus der Stadtbrauerei in Kansas City gehört zur *Smokestack*-Serie: Hierzu zählen Biere, die qua Charakter abseits der bekannten Pfade wandeln. *Tank 7* hat für mich die ultimative Balance zwischen grapefruit-hopfigen Geschmacksnuancen und fruchtigen Aromen mit einem pfefferigen Abgang. Das eigenwillige und so völlig andere Bier ist nach dem Tank benannt, in dem es gebraut wurde. Eine Legende war geboren.

Biertyp: Saison/Farmhouse Ale
Geschmacksprofil: Hoppy & Bitter
Gut zu: Brathähnchen und Schweinefleisch

## Single Wide IPA Boulevard Brewing Company – USA

Während einer Fahrt durch den BBQ-Gürtel von Amerika sind wir in Kansas City in die Höhlen der *Boulevard Brewing Company* hinabgestiegen und haben von frühmorgens bis spätabends ganz ausführlich die verschiedenen Craft-Biere kennengelernt. Einer meiner Favoriten ist auch in Europa erhältlich, und zwar das *Single Wide IPA*. Dieses amerikanische *Indian Pale Ale* basiert auf den beliebten Bieren, die im 18. Jahrhundert in Großbritannien gebraut wurden. Durch die Verwendung von sechs verschiedenen Hopfenarten ist der Geschmack komplex und hat eine zitrusartige Note. Das mittelwürzige Bier befindet sich bei etwas schärferen Gerichten in guter Gesellschaft.

Biertyp: American Indian Pale Ale
Geschmacksprofil: Hoppy & Bitter
Gut zu: scharf gewürztem Brathähnchen und Schweinefleisch

## 070 Kameraad Kompaan – Niederlande

Wer das *Indian Pale Ale* zu hopfig findet, dem empfehle ich das frische Pils der Mikrobrauerei *Kompaan* aus Den Haag. Das Grillteam *De Rokende Règâh* brachte zum Wettkampf immer eine bis zum Rand gefüllte Kühlbox mit dem Bier mit, die aber immer schnell leer war. Das reine Premium-Pils mit langer Gärung wird aus zwei Hopfenarten und zwei Malzarten gebraut und zeigt eine leichte Bitternote. Ein tolles Pils, das gut zu BBQ-Sandwiches und Fischgerichten passt.

Biertyp: Pils
Geschmacksprofil: Clean & Crisp
Gut zu: Nudelgerichten, Brot, Fisch, Schalen- und Krustentieren

## Balthazar Triple De Koperen Kat – Niederlande

*De Koperen Kat* ist eine Delfter Stadtbrauerei und, wie großartig, direkter Nachbar unserer *Smokey Goodness* Mancave. Als wir noch nicht 365 Tage im Jahr vor dem Smoker standen, endete hier am Freitagnachmittag unsere Woche. Das *Balthazar Triple* ist ein malziges, mittelsüßes Bier, das sich mit tückischen 8 % Alkohol so wegtrinken lässt. Das Bier harmoniert gut mit etwas würzigeren und süßen Gerichten vom Grill.

Biertyp: Ähnlich dem belgischen Tripel
Geschmacksprofil: Malty & Sweet
Gut zu: Beef Short Ribs, Eintopfgerichten und Schokolade

## Wild Jo De Koninck – Belgien

Für dieses Bier aus der Antwerpener Stadtbrauerei *De Koninck* wird die wilde Hefe *Brettanomyces bruxellensis* verwendet. Das Bier hat sowohl erdige als auch blumige Aromen, einen leicht süßen Ansatz mit bitterem Nachgeschmack und fein-saurer Note.

Biertyp: Belgisches Wild Ale
Geschmacksprofil: Sour, Tart & Funky
Gut zu: gegrilltem rotem Fleisch

## Sol Cervecería Cuauhtémoc Moctezuma – Mexiko

Gut trinkbares Sommerbier, das seit 1899 in Mexiko gebraut wird. Es sei dahingestellt, ob es der sommerlichen Leichtigkeit der Zitrone, dem Trinken aus der Flasche oder dem Geschmack des Bieres selbst geschuldet ist, doch es ist allgemein bekannt, dass Sol-Bier und BBQ gut zusammenpassen. Erwarten Sie keine komplexen Geschmacksnuancen, sondern ein erfrischendes Bier zu einer Portion Nachos, frischer Salsa und Tex-Mex-Grillgerichten.

Biertyp: Lager
Geschmacksprofil: Clean & Crisp
Gut zu: Grillgerichten mit Tex-Mex-Flair

I Hoppy & Bitter
II Clean & Crisp
III Malty & Sweet
IV Sour, Tart & Funky

BOULEVARD
BREWING Co
EXTRA ORDINARY
IPA
VEDETT
TANK
FARMHOUSE
KONINCK
DE KONINCK
WILD JO
BLOND
BEER
THE HAGUE

2012
Le Faîte
SAINT MONT
ZUCCARDI Q
MALBEC
THE WOLF
SYRAH
MOURVÈDRE VIOG
2014
LAND
PINOTAGE
2013
PRODUCT OF SOUTH AFRICA

# WEIN

**Wenn es ums Image geht, hat Wein beim Grillen noch Boden gutzumachen. Eine Sünde, denn viele BBQ-Gerichte passen vorzüglich zu einem guten Rotwein. Die kräftigen Aromen vom BBQ verlangen Weine von kräftiger Natur.**

## Secastilla Garnacha Somontano – Spanien

Ein wahnsinnig schönes Weingut in 700 Meter Höhe und über achtzig Jahre alte Weinstöcke: das sind die Zutaten für einen Spitzenwein. Die zehnmonatige Lagerung in Eichenfässern verleiht dem Wein eine herrliche Vanillenote, die durch rote Früchte und einen Hauch von Minze ergänzt werden. Durch die Schwere und Komplexität passt der Wein sehr gut zu deftigen Stücken vom Grill, wie etwa gegrillte Steaks, langsam gegarte Beef-Ribs und Eintopfgerichte.

Traubensorte: Garnacha (Grenache)
Geschmacksprofil: Kräftig rot
Gut zu: rotem Fleisch, Wild und Eintopfgerichten

## Mezzacorona Teroldego Rotaliano Riserva Trentino – Italien

„Der König von (Süd-)Tirol" ist der Name der lokalen Traubensorte *Teroldego*. Im Geschmack dominieren schwarze Beere und Schwarzkirsche. Trotz der Stärke des Weins ist dieser Riserva ausgesprochen samtig. Ein überraschender Geschmack, der mit zartem rotem Fleisch eine Liaison eingeht. Probieren Sie diesen Wein auch einmal mit langsam gegarter Hachse. Der Geschmack wird Sie umhauen!

Traubensorte: Teroldego
Geschmacksprofil: Samtig rot
Gut zu: gegrilltem rotem und weißem Fleisch

## Zuccardi Q Malbec Valle de Uco – Argentinien

Argentinier verstehen viel von Fleisch und Wein und das merken sie direkt, wenn Sie diese Flasche öffnen. Ein vollmundiger Rotwein mit der ausgeglichenen Intensivität roter Früchte und ergänzt um feine Noten von Lakritz, Vanille und getrockneten Kräutern. Kräftig und vollmundig im Geschmack. Ideal zu gebratenem Fleisch von Rind und Geflügel oder zu scharf gewürztem Hähnchen.

Traubensorte: Malbec
Geschmacksprofil: Kräftig rot
Gut zu: gebratenem Fleisch von Rind und Geflügel und zu scharf gewürztem Hähnchen

## Swartland Pinotage Bush Vine – Südafrika

Dieser Wein ist robust, kräftig und hat intensive Fruchtnoten von schwarzen Pflaumen und Kirschen. Der Fruchtgeschmack wird durch ein feines rauchiges Aroma und ausgefallene Würze unterstützt. Auch in diesem Wein finden sich zahlreiche Aromen, die gut mit gebratenem Fleisch harmonieren.

Traubensorte: Pinotage
Geschmacksprofil: Würzig rot
Gut zu: gebratenem Rindfleisch und Schweinefleisch

## I am Sauvignon Blanc Rumänien

Auch dank des milden mediterranen Klimas und des fruchtbaren Donaudeltas ist Rumänien als Land für günstige Qualitätsweine stark im Kommen. Der Geschmack dieses modernen Weins ist frisch mit Aromen von Passionsfrucht, Ananas und Grapefruit. Seine Frische macht „I am" zum idealen Begleiter zu leicht scharfen Gerichten, zu Fisch und Schalentieren vom Grill.

Traubensorte: Sauvignon blanc
Geschmacksprofil: Fruchtig weiß
Gut zu: leicht scharfen Gerichten, Fisch und Schalentieren

## Castel Firmian Pinot Grigio Riserva Trentino – Italien

Beim Duft dieses Pinot Grigio aus den italienischen Alpen treten vor allem Zitronen und Äpfel hervor. Im Mund ist dieser Wein herrlich sanft und fein, doch auch eine frische Säure ist spürbar. Ein guter Wein, der nie langweilt und sehr gut zu Gerichten mit Fisch und weißem Fleisch vom Smoker/Grill passt.

Traubensorte: Pinot Grigio
Geschmacksprofil: Fruchtig weiß
Gut zu: Fischgerichten und weißem Fleisch

## Le Faîte Côtes de Saint Mont – Frankreich

Dieser Spitzenwein wird aus den besten Fässern eines Jahrgangs gewonnen und ist darum auch nur begrenzt erhältlich. *Le Faîte* hat ein kräftiges Bouquet, bei dem die Einflüsse von Eichenholz, Haselnuss und Vanille wunderbar mit den Aromen der Frucht, wie reife Grapefruit und exotischen Früchten, harmonieren. Der Geschmack ist gehaltvoll und „dick" mit fruchtigem und langem Finale. Es empfiehlt sich, den Wein zu dekantieren.

Traubensorte: Gros Manseng, Petit Manseng, Petit Courbu, Arruflac
Geschmacksprofil: Vollmundig weiß
Gut zu: Fischgerichten und weißem Fleisch

THE GLENROTHES
SELECT RESERVE
BULLEIT BOURBON
FRONTIER WHISKEY
MICHTER'S
SMALL BATCH
US-1
UNBLENDED
AMERICAN
WHISKEY
MICHTER'S
SMALL BATCH
BOURBON
WHISKEY

# WHISK(E)Y

**Ob ich auch Cocktails in meinem Buch aufnehmen wolle, wurde ich von meinem Verleger gefragt. Aber sicher, ich kenne einen einfachen BBQ-Cocktail, den jeder schnell zubereiten kann: Nehmen Sie ein Whiskeyglas und eine Flasche guten Whisky oder Bourbon und schenken Sie ihn ein – voilà: der BBQ-Cocktail. Der feine Rauchgeschmack, dem man in diesem Destillat begegnet, passt hervorragend zum BBQ, sei es zum kleinen Umtrunk, zum Abendessen oder zum berühmten Frühstück um 7:07. Sie erkennen die Gerichte, die sich gut mit einem Glas Bourbon oder Whisky kombinieren lassen, an dem Whiskeyglas-Symbol in den Rezepten.**

## Michter's Bourbon – USA

Während meines Aufenthalts in Louisville, Kentucky, wurden wir von *Mitcher's Destillerie* zu einer Verkostung ihrer nur in kleinen Mengen produzierten Destillate eingeladen, begleitet von Destilliermeister Willie. Es ist ihm ein Anliegen, qualitativ hochwertige Drinks zu produzieren, die wärmen, aber nicht brennen. Die Bourbon-Variante ist ausgesprochen samtig, gut trinkbar und direkt zu einem meiner persönlichen Favoriten geworden. Der Bourbon hat einen ausgeprägten Karamellton, ausbalancierte Vanille- und Steinfruchtnoten, einen rauchigen Akzent und einen Abgang mit Eichenholz.

## Woodford Reserve – USA

Hergestellt in einer der ältesten und kleinsten Destillerien von Kentucky, die bereits seit 1812 in Betrieb ist. Für ihren Reserve werden die Fässer vom Destilliermeister persönlich ausgewählt und für ein ganz besonderes Destillat verwendet. Der Geschmack ist gehaltvoll, rund und samtig mit einem Hauch von Zitrus, Zimt, Kakao, Karamell und Schokolade.

## Bulleit Bourbon – USA

Tom Bulleit ließ seine erfolgreiche Anwaltskanzlei Anwaltskanzlei sein, um der von seiner Familie 1830 entwickelten Bourbon-Rezeptur neues Leben einzuhauchen. Mein Besuch bei Tom zeigte mir, dass sein freundlicher, jovialer Charakter in dem von ihm produzierten Bourbon durchschimmert. Ein leicht zu trinkender Whiskey mit auffallend hohem Roggenanteil. Im Geschmack erkennt man Honig, Vanille und Schokolade und im Abgang ist die nötige Würze spürbar.

## Monkey Shoulder – Schottland

Dieser besonders milde schottische Whisky ist ein Blend aus drei Malt Whiskys, die aus der Region Speyside kommen. Der in diesem Blend fehlende *grain whisky* und die Reifung in alten Bourbonfässern sorgen für einen smooth taste. Dieser leicht süßliche Whisky zeigt Noten von Kräutern, Toffee und Vanille.

## The Glenrothes Select Reserve – Schottland

Wir hatten Harry unseren Pig Roaster ausgeliehen und erhielten als Dankeschön eine Flasche *Glenrothes*-Whisky. Die zufällige Bekanntschaft mit diesem Whisky verlief so positiv, dass ich nun immer eine Flasche davon im Schrank stehen habe. Für den *Select Reserve* mischen die Destilliermeister Whiskys verschiedener Vintage-Jahrgänge und kreieren so einen wunderbar ausbalancierten Whisky mit Noten von reifer Frucht, Zitrus, Vanille und Orangenschale.

## Jack Daniel's Tennessee Whiskey – USA

*Jack Daniel's* hat für jeden Teilnehmer an BBQ-Wettkämpfen einen speziellen Beigeschmack: der absolute Wille zu gewinnen! Der renommierteste Grillwettbewerb, zu dem man als Grand Champion eingeladen werden kann, ist nämlich der *Jack Daniel's Invitational Only*, der in der Firmen-Destillerie in Tennessee stattfindet. Der Whiskey von *Jack Daniel's* unterscheidet sich von den meisten anderen Bourbons dadurch, dass er in einem frühen Stadium mit Holzkohle gefiltert wird und anschließend in Fässern aus eigener Herstellung reift. Das Ergebnis ist ein leicht rauchiger Geschmack, den der BBQ-Fan sehr zu schätzen weiß.

## Singleton Sunray – Schottland

Für jemanden wie mich, der einen weicheren und damit zugänglicheren Whisky bevorzugt, ist *Singleton Sunray* ein echter Tipp. Durch die Reifung in angesengten Bourbonfässern entsteht ein Aroma aus schwarzen Beeren und Bratapfel und der Whisky erhält eine honig- und vanilleartige Süße. Dieser Whisky lässt sich gut mit süßeren Schweinefleischgerichten, Hartkäsesorten, wie Manchego, und Desserts mit Schokolade und Apfel kombinieren.

 Whisk(e)y/Bourbon

THE ORIGINAL
BLACK'S
BARBECUE
OPEN EVERYDAY
BLACK'S BARBECUE
GIANT BEEF RIBS!
OPEN 10 AM
EXIT

# BBQ-REGIONEN

ORDER MEAT
HERE
B.B.Q. CAPITOL OF TEXAS

# BBQ-REGIONEN

**FÜR UNS EUROPÄER IST AMERIKANISCHES BARBECUE MIT EINEM SMOKER ODER IN EINER GRUBE MIT EINEM HOLZFEUER EIN NEUES PHÄNOMEN, DAS STARK IM TREND LIEGT. IN DEN SÜDSTAATEN AMERIKAS IST ES JEDOCH SCHON SEIT MEHR ALS EINEM JAHRHUNDERT FESTER BESTANDTEIL DES WAY OF LIFE. UM DIE KULINARISCHEN HINTERGRÜNDE BESSER ZU VERSTEHEN UND DIE REGIONALEN ORIGINALSPEZIALITÄTEN PROBIEREN ZU KÖNNEN, FUHR ICH ZUSAMMEN MIT MEINEM GASTROFREUND KASPER STUART IN DEN AMERIKANISCHEN SÜDEN, UM EINEN ECHTEN BBQ-ROAD-TRIP ZU ERLEBEN.**

Wir legten rund 4.700 Kilometer zurück, aßen BBQ zum Frühstück, zum Mittagessen und zum Abendessen und genossen ausgefallene Craft-Biere und exklusive Bourbons und kehrten schwer beeindruckt nach Hause zurück. Was uns überall fasziniert hatte, war das Streben nach durchgängiger Perfektion, das alle Restaurantbesitzer, Pitmaster, Brauer und Destillateure vor Augen hatten. Jeder hatte seine eigenen Rezepte, Zubereitungstechniken und Rituale und den meisten geht es um nicht weniger als das perfekte Produkt. Von zart saftigem Fleisch, durstlöschendem Bier bis hin zu sanft rauchigem Whiskey – hinter vielen Produkten steht die handwerkliche Arbeit von Menschen mit einer Mission und das schmeckt man einfach.

## BBQ-HOCHBURGEN

Das Erste, was uns auf unserer Reise durch zwölf Südstaaten ins Auge fiel, waren die enormen Unterschiede im BBQ-Stil, die jeweils einen engen Bezug zur Region und zur Geschichte der Einwanderer hatten. Da sich europäische Einwanderer, in der Gründungszeit der Vereinigten Staaten, je nach Herkunftsland in bestimmten Regionen niederließen, ist zu erkennen, wie die Koch- und Essgewohnheiten ihrer alten Heimat die Grilltradition jener Regionen beeinflussten. Diese Bräuche vereinigten sich mit äußeren Faktoren, wie der Verfügbarkeit von Vieh und den lokal verfügbaren Holzarten, zu vier BBQ-Stilen: Texas-Style, Kansas-City-Style, Midwestern-Style und Eastern-Style.

## TEXAS-STYLE

*Everything is bigger in Texas* ist ein oft gehörter Satz, der ganz sicher auch für die örtlichen Grillgewohnheiten gilt. In Texas dominiert Rindfleisch die BBQ-Speisekarte: Hot-links (scharfe Rinderwürstchen), riesige Beef Ribs mit einem Kilo und das Paradepferd Brisket drängen das Schwein in den Hintergrund. Brisket ist ein mit Fett durchzogenes Stück Rindfleisch, das in Europa als Bruststück bekannt ist und in Eintopfgerichten Verwendung findet. In Texas wird es bis zu 18 Stunden mit Eichenholz gesmokt, bis es butterweich ist. Restaurants bieten häufig eine Auswahl von *lean* *of fatty* an, was bedeutet, dass der Gast wählen kann, ob er ein Stück vom Flat, dem mageren Teil des Muskels, oder vom Point, dem etwas stärker von Fett durchzogenen Stück, bestellen möchte. Auffallend sind in Texas die Grillrestaurants im *Meat-Market-Style*. Früher waren dies Markthallen, in denen Cowboys und andere Einheimische ihre Wocheneinkäufe erledigten. Die Markthändler suchten nach einer Methode, um ihre Fleischwaren länger haltbar zu machen und ließen sich von osteuropäischen Immigranten inspirieren. Diese waren für ihre Wurstwaren und das Räuchern von Fleisch bekannt. Heute gibt es hier große Hallen mit langen Tischen und Abholschaltern, an denen das Fleisch gleich pfundweise bestellt werden kann. Teller und Besteck sucht man vergeblich: Das Fleisch wird in Butcher-Paper eingerollt und gegessen wird mit den Händen. Saucen gibt es selten, und wenn, dann stehen sie offen in Schüsseln auf dem Tisch und jeder kann sich selbst bedienen. Auf unserer Reise machten wir auch in dem winzigen Ort Lockhart Halt, in dem sich alles um traditionsreiche BBQ-Restaurants dreht. Wenn Sie *Blacks*, *Louie Mueller Barbecue*, *Kreuz Market* oder *Smitty's Barbecue* betreten, glauben Sie, die Zeit sei stehengeblieben. Als wir die Autotüren öffneten, schlug uns gleich der Geruch von Holzfeuer und gebratenem Fleisch entgegen. Im Lokal machten wir dann direkt mit der Gastfreundschaft des Südens Bekanntschaft: Die Mitarbeiter führten uns durch ihr Restaurant und sparten auch den Kühlraum nicht aus. Unsere Fragen wurden ausführlich

Sweatman's
Since 1977
Bar-b-que L.L.C.
OPEN - FRI. & SAT. 11:30am - 9:00pm
803-496-1BBQ (1227)
Visit Us On The Net 24 -7
www.sweatmansbbq.com

WELCOME TO HENRY'S SMOKEHOUSE
Catering for all Occasions
Low Country Boils, Oyster Roast, Fish Fries
SANDWICHES
PLATES
SIDES
BULK
DESSERTS
DRINKS
SUPER CHEVROLET SERVICE
GOLF WITH YOUR FRIENDS
RULE #1
IF WE DON'T TAKE CARE OF OUR CUSTOMERS.. SOMEONE ELSE WILL
HOG HEAVEN
POLO

Dog Bones
$1.00
ROUTE
66

und gewissenhaft beantwortet; kein Detail ihrer Zubereitungstechnik blieb geheim. In Austin aßen wir selbstverständlich im *Franklin Barbecue*. Wir standen zwei Stunden an, doch jede Minute der Wartezeit hat sich gelohnt. Wenn es um Briskets geht, dann aßen wir auf unserer BBQ-Tour nie besser als hier.

## KANSAS-CITY-STYLE

In Kansas City findet man das wohl abwechslungsreichste Angebot im gesamten BBQ-Gürtel: Schweinefleisch, Hähnchen, Rindfleisch und auch Fisch werden hier nach Herzenslust gesmokt und verspeist. Auf den Speisekarten stehen Gerichte wie Rib Tips (die abgeschnittenen Endstücke der Rippen), Short Ends (kurze, fette Endstücke der Spareribs) und für den unverbesserlichen Grillfan die Burnt Ends (der „verbrannte" Kanten eines köstlichen Briskets). Kansas-City-Barbecue ist bekannt für seine dickflüssige und rauchige „Sweet & Spicy"-Barbecuesauce, mit der alles großzügig bestrichen wird. Die Süße der Sauce kommt von der Melasse, einem Nebenerzeugnis der örtlichen Zuckerproduktion. Die BBQ-Restaurants haben eine enge Verbindung zur afroamerikanischen Community der Stadt und schaffen ihre eigenen Legenden. So merkten wir bei unserem Besuch bei *Arthur Bryant's* schnell, dass wir am Bestimmungsort für echte BBQ-Pilger gelandet waren. Wenn man in der langen Schlange wartet, schiebt man sich an Fotos von Berühmtheiten vorbei, darunter auch mehrere amerikanische Präsidenten. Hoch gelobt in der Stadt ist *Joe's Kansas City Bar-B-Que*, ein Restaurant in einer Tankstelle, die immer noch in Betrieb ist. Nach einigen erfolgreichen Wettkampfjahren beschlossen die Teammitglieder von *Slaughterhouse Five* ihr eigenes Catering-Unternehmen zu gründen. Eine brillante Idee, denn innerhalb kurzer Zeit wurde daraus das beliebteste BBQ-Restaurant in einer Stadt, in der es ohnehin schon von BBQ-Restaurants wimmelt. Wir aßen das meistgelobte Gericht auf der Speisekarte: das *Z-man Sandwich*, ein üppig belegtes Brötchen mit langsam gegartem Brisket, Provolone, frittierten Zwiebelringen und BBQ-Sauce. Yummy! Etwas ganz Besonderes war auch unser Besuch im *Q39*, einem modernen BBQ-Restaurant im gehobenen Segment. Wir bestellten praktisch alles, was auf der Speisekarte stand und entdeckten, dass feines Essen und authentisches Barbecue perfekt zusammenpassen. Jedes Jahr im Herbst organisiert Kansas City den größten BBQ-Wettkampf der Welt: das *American Royal*. Auf einer Fläche von ungefähr acht Hektar kämpfen mehr als 500 Teams um den Sieg und einen Teil des Preisgeldes von 400.000 Dollar.

## MIDWESTERN-STYLE: MEMPHIS

Auch in Memphis steht vor allem Schweinefleisch auf der Speisekarte, doch die Bewohner habe keine Vorliebe für Pulled Pork, sondern eher für Rippchen. Diese werden nach Memphis-Art serviert: Bei dieser Zubereitung werden die Rippchen vor und nach dem Smoken mit einem Dry Rub (einer trockenen Kräuter-Gewürz-Mischung) eingerieben. Saucen stehen zwar auf dem Tisch, doch der wahre Purist isst seine Rippchen ohne Sauce. Eine andere beliebte Zubereitung der Rippchen ist der Wet-Style. Hierzu werden die Rippchen erst mariniert und dann beim Smoken immer wieder mit einer Mischung aus Whiskey, Cidre und Essig besprüht oder mit einer BBQ-Sauce eingepinselt. BBQ-Fans denken beim Namen der Stadt nur an eine Sache: *Memphis in May*, einem jährlichen Festival, das die gesamte Stadt in Rauch hüllt. Memphis wird dann zu einem Wallfahrtsort für 90.000 Fleischliebhaber aus der ganzen Welt. Hunderte von Teams kämpfen drei Tage lang um heißbegehrte Titel und einen beachtlichen Preispokal von 110.000 Dollar. Die mehrfache Grand Championista Melissa Cookston schwingt als weiblicher Pitmaster das Zepter des BBQ-Restaurants *Memphis Barbecue Company*. Während unseres Besuchs waren wir schwer beeindruckt von den Trophäen und Auszeichnungen, die fast alle Wände des Restaurants bedecken. Das Restaurant mag neu sein, aber die Gerüche sind traditionell köstlich. Wir saßen mit Melissa am Tisch und redeten, und als sie sagte, dass wir nicht die Spezialität des Hauses bestellt hätten, bekamen wir zusätzlich zum Fleisch auf dem Tisch noch eine große Portion Baby Back Ribs umsonst serviert – so sieht echte BBQ-Glückseligkeit aus!

## MIDWESTERN-STYLE: KENTUCKY

Im Staat Kentucky gibt es zahlreiche kleine Regionen mit jeweils ortstypischen Spezialitäten. Einmalig im nördlichen Kentucky ist die Verwendung von Lammfleisch, dort meist als *Mutton* bekannt. Am häufigsten werden Lammrippchen gegessen, die genau wie Schweinerippen langsam im Smoker gegart und mit einer BBQ-Sauce und Weißbrot serviert werden. Selbstverständlich probierte ich ein Full Rack dieser regionalen Spezialität. Lamm ist etwas fetter als Schweinefleisch, doch der besondere Geschmack gleicht das wieder aus. Rund um die Stadt Owensboro trifft man auf die Spezialität *Burgoo*, einem herzhaften Stew aus verschiedenen Fleischsorten (darunter auch Lamm) und Gemüse. Ursprünglich sollte eine billige Mahlzeit zubereitet werden, die aus dem gekocht wurde, was gerade zur Verfügung stand, und in dieser Gegend kann das auch schon mal ein Eichhörnchen sein. Louisville ist, auch aufgrund des Klimas und des durch Kalkstein gefilterten Wassers, zur *Bourbon-Capitel of the world* geworden. Alle großen Bourbon-Marken und kleinen Destillerien sind in und um die Stadt herum anzutreffen. Hier kosteten wir fantastische Destillate, wie etwa den 25 Jahre gereiften Bourbon von Amerikas ältestem Whiskey-Hersteller *Michter's*. Wow, was für ein Geschmackserlebnis, aber mit seinen 58,4 Prozent sollte man ihn vermutlich besser nach dem Essen genießen und nicht davor.

## EASTERN-STYLE

In Nord- und Süd-Carolina dreht sich alles ums Schwein. Doch damit lassen sich unendlich viele Varianten zaubern. Angrenzende Dörfer schwören auf ihre eigenen Techniken und Zusätze, wodurch sich

zahlreiche regionale Unterschiede herausgebildet haben. In North Carolina haben die Leute eine große Vorliebe für ganze Schweine. Diese werden bis zu 16 Stunden lang – im Ganzen – über einem Holzfeuer gegart: *Slow Cooking Carolina-Style*. In South Carolina liebt man den feinen Geschmack und die Textur vom Boston Butt (Schweineschulter). Wenn das Fleisch fertig gegart ist, entspinnt sich folgende Diskussion: Wird das Fleisch abgezupft (pig pickin'), gehackt (chopped pork) oder geschnitten (sliced pork)? Bei einer Sache sind sich alle einig: Die knusprige Haut ist am leckersten. Typisch für South und North Carolina ist die dünne Essigsauce, die mit roten Chiliflocken, Salz und Zucker gewürzt wird. Im Westen von Carolina kommt noch zusätzlich Ketchup in die Sauce, während im Süden *Carolina Gold* auf dem Tisch steht: die gleiche Essigsauce, doch dann mit Senf und Honig. Auf unserer Reise besuchten wir verschiedene Restaurants in dieser Region. Vor allem das winzig kleine *Frank's Smokehouse* in Greenville blieb uns in Erinnerung. Das Platzangebot mag beschränkt sein, doch dennoch werden hier Tag für Tag in einem eingebauten und mit Holz befeuerten Smoker BBQ-Gerichte für Hunderte von Gästen zubereitet. Weiter südlich aßen wir in *Sweatmans BBQ*, einem Restaurant im Buffetstil, in dem Gerichte serviert werden, die in einer angrenzenden Scheune auf riesigen Grills aus Ziegelsteinen gesmokt werden. Befeuert werden diese mit Holzkohle aus einem *Burn Barrel*. Mein persönlicher Höhepunkt war ein Besuch bei *Scott's Bar-Be-Q* in Hemingway, einer Kleinstadt mitten im Nirgendwo von South Carolina. Seit ich 2011 den Film *Cut/Chop/Cook* gesehen habe, stand diese BBQ-Bude ganz oben auf meiner Liste der zu besuchenden Adressen. Ich wollte die Atmosphäre schnuppern, sehen, wie Rodney Scott die ganzen Schweine zubereitet, sie in einer riesigen Lake aus Essig-Pfeffer-Sauce einlegt, und wollte selbst das Ergebnis probieren. Ich hätte mir kein besseres Ende für meine BBQ-Tour wünschen können.

# BBQ - SANDWICHES, BITES UND SNACKS

SMOKEY GOODNESS
SMOKEYGOODNESS.NL

# BBQ - SANDWICHES, BITES UND SNACKS

**SIE MÜSSEN NICHT BIS ZUM ABENDESSEN WARTEN, UM DEN GRILL ANZUZÜNDEN. LUNCH, IMBISS UND SOGAR FRÜHSTÜCK KÖNNEN HERVORRAGEND ÜBER GLÜHENDEN KOHLEN ZUBEREITET WERDEN. SO WIRD JEDER MOMENT DES TAGES ZU EINEM ECHTEN KULINARISCHEN ERLEBNIS. LASSEN SIE SICH VON FESTIVAL-KLASSIKERN WIE DEM PULLED PORK SANDWICH VERFÜHREN, PROBIEREN SIE DEN ULTIMATIVEN HAMBURGER AUS SELBST DURCHGEDREHTEM FLEISCH ODER STELLEN SIE EINE ORIGINELLE SNACK-PLATTE ZUSAMMEN, DIE WIRKLICH JEDEM ANLASS EINEN KRÄFTIGEN BBQ-SCHUB VERLEIHT. ES GIBT GRÜNDE GENUG, UM NACH LUST UND LAUNE EIN FEUER ANZUZÜNDEN. LEGEN SIE NICHT EINFACH NUR WÜRSTCHEN ODER BURGER AUF DEN GRILL, SONDERN WÄHLEN SIE DIE ZUTATEN MIT BEDACHT. NEHMEN SIE BESTE QUALITÄT UND PERFEKTIONIEREN SIE IHRE EIGENE HAMBURGER-KREATION.**

## GESCHICHTE DES PULLED-PORK-SANDWICHS

Bei *Smokey Goodness* brauchten wir vier Jahre, um unser Pulled-Pork-Sandwich zu perfektionieren. Es begann mit der Auswahl des perfekten Schweins. Die Suche nach der richtigen Balance zwischen Geschmack, Fett-Fleisch-Verteilung und art- und umweltgerechter Haltung führte uns über einen befreundeten Metzger zu den *Heyde-Hoeve*-Schweinen. Seitdem haben wir unser Herz an diese nachhaltig gezüchteten Ferkel aus holländischer Haltung verloren. Wir kennen Bauer Tiny persönlich und wissen, mit wie viel Liebe er die köstlichen Ferkel großzieht, die sich ausgezeichnet in unseren Smokern machen.

Die Kräutermischung für das Pulled Pork, „Piggy Mix"-BBQ-Kräuter, ist das Ergebnis der jahrelangen, allwöchentlichen Zubereitung von Pulled Pork. Dabei haben wir eine Kräutermischung entwickelt, die für eine ultimative Kruste auf der Schulter sorgt. Eine starke Süße mit scharfem Nachgeschmack, die das kräftige Aroma der gesmokten Schweineschulter verstärkt. Die BBQ-Sauce kann auf eine ähnliche Entstehungsgeschichte zurückblicken. Zuerst kauften wir fertige Grillsaucen (eine Todsünde, ich weiß), doch schnell gingen wir dazu über, sie nach eigenen Rezepten zuzubereiten. Die Zutaten standen schnell fest, nur die richtigen Mengen waren anfangs ein Problem. Als wir mehr als 500 Liter pro Festival-Wochenende verbrauchten, war die Zeit gekommen, einen Saucenspezialisten zu Rate zu ziehen und unser eigenes *Smokey-Goodness*-Rezept zu entwickeln. Auf unserem ersten Festival schnitten wir den Kohl und die Zwiebeln für den frischen Kohlsalat noch mit der Hand, um ein paar Euro zu sparen. Glücklicherweise ließen wir dieses Stadium schnell hinter uns und fortan schnippelte unser Gemüsebauer drauflos. Das selbst gemachte Honig-Senf-Dressing rühren wir jeden Morgen selbst an, damit es den typischen Smokey-Touch bekommt.

## ECHTE BÄCKERBRÖTCHEN

Das Brötchen, in dem das Pulled Pork heute serviert wird, ist Folge des sprichwörtlichen „Tritt(s) in den Hintern", den Igor Sorko, Mitbegründer des berühmten Amsterdamer Street-Food-Festivals *Rollende Keukens*, uns verpasste. „Euer Fleisch ist spitze, aber wenn ihr nächstes Jahr wieder mit dabei sein wollt, will ich diese scheiß Brötchen nicht mehr sehen", war sein gesalzener Kommentar zu den weichen Brötchen aus dem Tiefkühlfach, die wir damals noch verwendeten. Während seine Worte noch in meinem Kopf nachhallten, begegnete ich #bakkertjezelf Edwin Klaassen, der wie immer mit der Verbreitung seines Evangeliums des Sauerteigbrots beschäftigt war. Und so geschah es: Zusammen mit seinem Bäcker-Team entwickelten wir unser ultimatives Smokey-Sandwich: ein vom Bäcker im Steinofen gebackenes Senf-Salbei-Sauerteig-Ciabatta. Für jedes Festival bestellen wir bei Edwin Tausende echte Bäckerbrötchen, die wir mit Stolz vor Ort fertig backen. Es geht doch nichts über das knackende Geräusch frisch gebackener Brötchen, üppig belegt mit selbst gemachtem Kohlsalat, saftigem Pulled Pork und warmer BBQ-Sauce.

WORLD CHAMPION
WHOLE HOG BARBECUE

# PULLED PORK SANDWICH

**ALS WIR 2010 MIT DEM FESTIVAL-CATERING BEGANNEN, HATTE NOCH NIEMAND ETWAS VON PULLED PORK GEHÖRT. HEUTE GEHÖRT ES ZU DEN BELIEBTESTEN STREET-FOOD-SNACKS. WARUM AUCH NICHT? DIESES ULTIMATIVE WOHLFÜHL-ESSEN AUS FRISCH GEBACKENEM BROT, LANGSAM GEGARTEM RAUCHIGEN FLEISCH, AROMATISCHEN KRÄUTERN UND SÄMIGER BBQ-SAUCE SCHMECKT JEDEM.**

*Zutaten (für 4 Sandwiches)*
400 g Pulled Pork (siehe Seite 136)
200 ml Apfelsaft
150 g „Smokey's Original"-BBQ-Sauce (siehe Seite 28)
4 frische Ciabattas oder Brioche-Brötchen, kurz aufgebacken
200 g Louisiana-Coleslaw (siehe Seite 33)

*Außerdem:*
Dutch Oven und Auflaufform

*Zubereitung*
Vorbereitungszeit: 20 Minuten
Zubereitungszeit: 10 Minuten

Zunächst das Pulled Pork erwärmen. Dazu das Fleisch mit 1 Spritzer Apfelsaft und der „Smokey's Original"-BBQ-Sauce in eine Auflaufform legen, mit Aluminiumfolie abdecken und im, auf 120 °C vorgeheizten, Grill/Smoker erhitzen, bis das Pulled Pork eine Kerntemperatur von etwa 80 °C erreicht hat. Das frische Pulled Pork nach dem Rezept von Seite 136 zubereiten, umrühren und dann nach dem Pullen (Auseinanderzupfen) die erwärmte BBQ-Sauce unterrühren.

Werden Ciabattas verwendet, diese kurz vor dem Servieren aufbacken, damit die Brötchen schön warm und knusprig sind. Dabei die Packungsanweisung beachten.

Die Ciabattas längs aufschneiden, den Louisiana-Coleslaw auf den vier Brötchen verteilen und zum Schluss das warme Pulled Pork darauf anrichten. Etwas Grillsauce zusätzlich dazu servieren.

# SMOKEY'S CHICKEN SANDWICH

**ES GEHT DOCH NICHTS ÜBER DEN GERUCH VON GEGRILLTEN BRATHÄHNCHEN. IN DIESEM REZEPT WIRD DAS HÄHNCHEN ZUERST GESMOKT UND FÜR DAS ULTIMATIVE GESCHMACKSERLEBNIS KURZ GEGRILLT. DIE FEINEN ZITRONENAROMEN, DIE SCHÄRFE DES SCHWARZEN PFEFFERS, DIE FRISCHE DER RANCHSAUCE UND DAS KNACKEN DER STANGENSELLERIE-SALSA LASSEN ERKENNEN, WARUM DIESES SANDWICH FÜR VIELE ZUM LIEBLINGS-BBQ-SANDWICH GEWORDEN IST.**

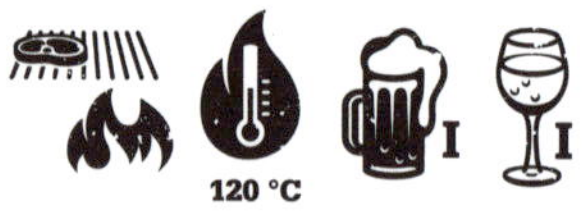


*Zutaten (für 4 Personen)*

## FÜR DIE RANCHSAUCE:

50 g Mayonnaise
50 g Buttermilch
50 g saure Sahne
½ TL getrockneter Schnittlauch
½ TL getrockneter Dill
½ TL getrocknete Petersilie
¼ TL Zwiebelgranulat
¼ TL Knoblauchgranulat
1 Zitrone, Saft
Salz und schwarzer Pfeffer, frisch gemahlen

## FÜR DIE SALSA:

2 Stangen Staudensellerie
1 große Tomate
⅓ Gurke
1 rote Zwiebel
1 EL gehackte Petersilie
½ Zitrone, Saft
Salz und schwarzer Pfeffer, frisch gemahlen

500 g Hähnchenschenkel (am besten von freilaufenden Hähnchen)
35 g „Chick Mix“-BBQ-Kräuter (siehe Seite 27)
4 Ciabattas oder Kaiserbrötchen,
100 g Feldsalat

*Außerdem:*
1 Handvoll Apfel-, Kirsch- oder Mesquite-Holzchips
Grillgerät zum indirekten Grillen
Kernthermometer

*Zubereitung*
Vorbereitungszeit: 30 Minuten
Zubereitungszeit 45 Minuten

Den Grill fürs indirekte Grillen vorbereiten und auf eine Temperatur von 125 °C erhitzen. Inzwischen die Holzchips in Wasser einweichen.

Für die Ranchsauce die Mayonnaise, die Buttermilch und die saure Sahne mit einem Schneebesen zu einer glatten Sauce verrühren, ohne dass Klümpchen entstehen. Dann die restlichen Zutaten zufügen und gut unterrühren. Den Geschmack der Sauce kontrollieren; sie sollte frisch-sauer schmecken. Je nach Geschmack mit Salz und Pfeffer würzen und einige Tropfen Zitronensaft hineinträpfeln.

Für die Staudensellerie-Salsa den Staudensellerie in 4 x 4 mm große Würfel schneiden. Die Samen aus der Tomate und der Gurke entfernen und beides dann ebenfalls in 4 x 4 mm große Würfel schneiden.

Die rote Zwiebel schälen und fein hacken. In einer Schüssel das fein gewürfelte Gemüse mit der fein gehackten Petersilie mischen. Mit Salz und Pfeffer würzen und mit Zitronensaft abschmecken.

Die Hähnchenschenkel mit den „Chick Mix“-BBQ-Kräutern mischen und darauf achten, dass sie rundherum von den Kräutern bedeckt sind. Die Holzchips abgießen und auf den glühenden Kohlen verteilen. Die Hähnchenschenkel auf die freie Seite des Grills legen, die zum indirekten Grillen vorbereitet ist, und bei 125 °C 30 Minuten smoken. In der Zwischenzeit die Brötchen aufbacken und aufschneiden. Den Grillrost mit dem Hähnchenfleisch vom Grill heben, das direkte Grillen vorbereitet und die Temperatur auf 220° C hochfahren. Das Hähnchen kurz grillen, bis es eine Kerntemperatur von 75 °C erreicht hat.

Auf den 4 aufgeschnittenen Brötchen zuerst Feldsalat, dann die Staudensellerie-Salsa und zum Schluss das gegrillte Hähnchen legen. Darüber eine große Portion Ranchsauce gießen und die zweite Hälfte auf das Brötchen legen.

# PICANHA-STEAK-BURGER

**METZGER ERKLÄREN MICH FÜR VERRÜCKT, WENN ICH EIN PICANHA-STEAK DURCH DEN FLEISCHWOLF DREHE. MIR GEHT JEDOCH DER STEAKGESCHMACK, DEN DER BURGER DADURCH BEKOMMT, ÜBER ALLES. DAS PICANHA, BEI UNS ALS TAFELSPITZ BEKANNT, ZEICHNET SICH DURCH EIN IDEALES VERHÄLTNIS VON ZARTEM FLEISCH ZU FETT AUS UND IST SOMIT DIE PERFEKTE WAHL FÜR SAFTIGE UND SCHMACKHAFTE BURGER.**

Wählen Sie am besten eine hochwertige Rinderrasse wie das *Aberdeen Angus*. Heimische Rinder sind in der Regel wesentlich magerer und haben weniger Geschmack. Und warum 200 g Fleisch pro Burger? Ganz einfach, weil man es kann!

*Zutaten (für 4 Personen)*

800 g Picanha vom Black-Angus-Rind
4 Brioche-Burger-Brötchen
4 EL Mayonnaise
4 EL Senf
2 kleine Köpfe Romana-Salat, z. B. Little Gem, Blätter abgelöst
1½ große Tomaten, in Scheiben geschnitten
1 große rote Zwiebel, geschält und in feine Ringe geschnitten
12 Scheiben Gewürzgurke
200 g Blauschimmelkäse, in Scheiben geschnitten
16 Scheiben Bacon (oder geräucherter Frühstücksspeck), kross angebraten
8 EL „Bold & Beefy"-BBQ-Sauce (siehe Seite 29)
grobes Meersalz und schwarzer Pfeffer, frisch gemahlen

*Außerdem:*

Fleischwolf mit grober Lochscheibe (8 mm)
Grill zum direkten Grillen (am besten mit gusseisernem Grillrost)
Kernthermometer

*Zubereitung*

Vorbereitungszeit: 1 Stunde
Zubereitungszeit: 30 Minuten

Den Grill fürs direkte Grillen vorbereiten und auf etwa 250 °C erhitzen. Am besten gelingt dieses Rezept mit einem gusseisernen Grillrost, da er die Hitze des Feuers gut aufnimmt und für wunderbare Brandings auf dem Fleisch sorgt. Diese lassen das Fleisch karamellisieren und bringen zusätzlichen Geschmack in den Patty.

Das Fett vom Picanha entfernen und das Fleisch in bis zu 1½ cm große Würfel schneiden. Die Würfel 15 Minuten ins Tiefkühlfach legen, sodass sie etwas anfrieren. Dadurch schmiert das Fleisch anschließend nicht im Fleischwolf und Fleisch und Fett behalten ihre schöne Struktur. Das angefrorene Fleisch durch einen Fleischwolf mit grober Lochscheibe (8 mm) drehen. Das durchgedrehte Fleisch in 4 Portionen teilen und mit der Hand 2 cm dicke Pattys mit 10 cm Durchmesser formen. Das Fleisch möglichst nicht zu stark kneten, damit es seine lockere Struktur behält.

Die Brioche-Brötchen in der Mitte durchschneiden und kurz auf dem Grill rösten. Die Picanha-Pattys kräftig mit Salz und Pfeffer würzen, auf den Grillrost legen und den Deckel des Grills schließen. Während des Grillens die unteren Burgerhälften mit 1 EL Mayonnaise und 1 EL Senf bestreichen. Dann mit Salatblättern, Tomatenscheiben, Zwiebelringen und Gurkenscheiben belegen.

Die Pattys auf dem Grill wenden und von der anderen Seite grillen. Wenn das Fleisch rosa (medium rare; mein persönlicher Tipp) gegrillt werden soll, die Pattys nur bis zu einer Kerntemperatur von 54 °C grillen.
Bei einem halb durchgebratenen (medium) Patty muss eine Kerntemperatur von 60 °C erreicht sein (und soll er ganz durchgebraten sein – well-done –, dann bringen Sie das Buch bitte zurück zur Buchhandlung). Kurz bevor das Fleisch die gewünschte Kerntemperatur hat, die Pattys noch einmal wenden, dann den Blauschimmelkäse auf dem Fleisch verteilen, den Deckel vom Grill schließen und den Käse schmelzen lassen.

Wenn die Pattys die richtige Temperatur haben und der Käse geschmolzen ist, eine Garnitur aus kross gebratenem Bacon und „Bold & Beefy"-BBQ-Sauce auf dem Fleisch verteilen und zum Schluss die obere Brötchenhälften auflegen. Fertig!

# PORK-PORK-PORK-PORK-BURGER

**DIESER BURGER BEWEIST, DASS SCHWEINEFLEISCH MEHR IST ALS NUR BACON. DURCH DIE ÜBERRASCHENDE KOMBINATION EINES SCHWEINEFLEISCH-PATTYS MIT PULLED PORK UND EINER SÜSS-SCHARFEN BOURBON-BACON-CHILI-MARMELADE WIRD DARAUS EIN LECKERBISSEN FÜR DAS NÄCHSTE GARTENFEST ODER DEN SONNTAGSBRUNCH. DIE BRIOCHE-BRÖTCHEN SIND AUFGRUND IHRES SAHNIG-SÜSSEN GESCHMACKS UND IHRER KONSISTENZ DIE BESTE WAHL FÜR JEDEN BURGER UND DAMIT AUCH FÜR DIESE VARIANTE.**

*Zutaten (für 4 Personen)*

## FÜR DIE PORK-BURGER:

400 g Schweinenacken von guter Qualität
200 g Bauchspeck ohne Schwarte (Bauchscheibe)
3 EL frischer Salbei, fein gehackt
grobes Meersalz und schwarzer Pfeffer, frisch gemahlen

4 Brioche-Brötchen
240 g Pulled Pork (siehe Seite 136)
100 ml Apfelsaft
100 ml „Smokey's Original"-BBQ-Sauce (siehe Seite 28)
8 EL Bourbon-Bacon-Chili-Marmelade (siehe Seite 30)
200 g Louisiana-Coleslaw (siehe Seite 33)
12 Scheiben Gewürzgurke

*Außerdem:*
Fleischwolf mit grober Lochscheibe (8 mm)
Grill mit Deckel zum direkten Grillen
Kernthermometer

*Zubereitung*
Vorbereitungszeit: 1 Stunde
Zubereitungszeit: 30 Minuten

Den Grill fürs direkte Grillen vorbereiten und auf eine Temperatur von etwa 250 °C erhitzen.

Für die Pattys den Schweinenacken und den Bauchspeck in 1½ cm große Würfel schneiden und im Tiefkühler kurz anfrieren. Dadurch schmiert das Fleisch nicht im Fleischwolf und Fleisch und Fett behalten eine schöne Struktur. Das angefrorene Fleisch durch einen Fleischwolf mit grober Lochscheibe (8 mm) drehen. Den Salbei unter das Fleisch mischen und alles mit Salz und Pfeffer würzen. Die Fleischmasse in vier Portionen teilen und mit der Hand 1½ cm dicke Pattys formen.

Die Brioche-Brötchen in der Mitte durchschneiden und kurz auf dem Grill rösten. Die Pattys grillen, bis sie eine Kerntemperatur von 65 °C erreicht haben. Die Pattys möglichst nur einmal wenden, denn durch ihre lockere Struktur können sie beim häufigen Wenden leicht auseinanderfallen.

Zum Aufwärmen das Pulled Pork in eine Auflaufform geben, mit 1 Spritzer Apfelsaft und BBQ-Sauce beträufeln, mit Aluminiumfolie abdecken und in den auf 120 °C vorgeheizten Grill legen, bis es eine Kerntemperatur von 80 °C hat. Falls das Pulled Pork nach dem Rezept von Seite 136 frisch zubereitet wird, nach dem Pullen die erwärmte BBQ-Sauce unterrühren.

Zum Zusammensetzen des Burgers zuerst 1 EL Bourbon-Bacon-Chili-Marmelade auf der unteren und oberen Hälfte der Brioche-Brötchen verteilen. Den Kohlsalat auf den 4 Brötchen anrichten. Die fertig gegarten Schweinefleisch-Pattys darauf legen und mit aufgewärmtem Pulled Pork, BBQ-Sauce und Gurkenscheiben garnieren. Zum Schluss die obere Briochehälfte auflegen.

# BBQ-FRÜHSTÜCKS-BRIOCHE

**DIESES REZEPT IST FÜR DIE VOM KATER GEPLAGTEN BESUCHER MEHRTÄGIGER MUSIK-FESTIVALS ERSONNEN WORDEN, DOCH ES MACHT AUF DEM FRÜHSTÜCKSTISCH ZU HAUSE EINE EBENSO GUTE FIGUR. DIE KLASSISCHE KOMBINATION AUS GEBRATENEM SPECK UND EIERN IST AM FRÜHEN MORGEN IMMER EIN HIT. FRISCHE TOMATENSALSA UND AVOCADO SORGEN FÜR EINE WÜRZIGE PRISE MEXIKO.**

250 °C

*Zutaten (für 4 Personen)*

## FÜR DIE TOMATENSALSA:

3 große Tomaten, klein gewürfelt
1 rote Zwiebel, geschält und fein gehackt
1 EL Petersilie, gehackt
½ Jalapeño-Chilischote, fein gehackt und mit Kernen
3 EL Ketchup
1 Msp. Cayennepfeffer
1 Msp. Kreuzkümmel, gemahlen
½ Limette, Saft
Salz und schwarzer Pfeffer, grob gemahlen

4 Brioche-Brötchen
1 EL Olivenöl
4 Eier
12 Scheiben geräucherter Bacon
50 g Rucola
1 Avocado, geschält und in Scheiben geschnitten
Salz und schwarzer Pfeffer, frisch gemahlen

Außerdem:
Grill mit Deckel zum indirekten Grillen
gusseiserne Grillpfanne

*Zubereitung*
Vorbereitungszeit: 30 Minuten
Zubereitungszeit: 10 Minuten

Den Grill fürs direkte Grillen vorbereiten und auf eine Temperatur von etwa 250 °C erhitzen. Für die Tomatensalsa alle Zutaten mischen. Die Brioche-Brötchen in der Mitte durchschneiden, die Hälften kurz auf dem Grill toasten und beiseitelegen. Nun die Grillpfanne auf dem Grillrost stark erhitzen. Das Olivenöl in die Pfanne gießen und die Spiegeleier darin braten. Inzwischen die Speckscheiben auf dem Rost neben der Grillpfanne kross anbraten.

Zum Zusammensetzen der Brötchen Rucola und Tomatensalsa auf den 4 unteren Hälften der getoasteten Brioche-Brötchen verteilen. Die gebratenen Spiegeleier darauf anrichten, mit Salz und Pfeffer würzen und mit knusprigem Speck und Avocadoscheiben garnieren. Brötchendeckel drauf und fertig!

# SEAFOOD-BAR-FISHBURGER

**WÄHREND MEINES PRAKTIKUMS IN DER SEAFOOD BAR DES BREAKERS HOTELS IN FLORIDA WAR ICH UNTER ANDEREM FÜR DIE AUSWAHL UND ZUBEREITUNG DES TÄGLICHEN LUNCH-SPECIALS ZUSTÄNDIG. ICH KREIERTE EINE BREITE AUSWAHL AN GERICHTEN. DIESER FISCHBURGER, ZUBEREITET MIT GOLDMAKRELE UND ASIATISCHEN AROMEN, ERWIES SICH IMMER WIEDER ALS HIT. SOWOHL VON DEN GÄSTEN ALS AUCH VOM CHEFKOCH ERHIELT ICH VIEL LOB DAFÜR. IN DIESEM REZEPT HABE ICH DIE GOLDMAKRELE DURCH KABELJAU AUS UNSEREN GEWÄSSERN ERSETZT, DER IHR JEDOCH IN STRUKTUR UND GESCHMACK SEHR ÄHNELT.**

*Zutaten (für 4 Personen)*

## FÜR DAS EINGELEGTE GEMÜSE:

½ l kochendes Wasser
2 EL Zucker
2 EL Branntweinessig
½ Winterkarotte
1 große Zwiebel
1 TL Salz

## FÜR DIE FISCHBURGER:

600 g Kabeljaufilets ohne Haut
120 g Jakobsmuscheln, frisch oder tiefgekühlt
1 EL Mayonnaise
2 EL Schnittlauch, fein geschnitten
¼ TL Fünf-Gewürze-Pulver
1 frische rote Chilischote, sehr fein geschnitten
Salz und schwarzer Pfeffer, frisch gemahlen

1 Kopf Friséesalat
100 g Wakame-(Algen)Salat
2 EL Ponzu-Sauce (aus dem Asialaden)
4 knusprige Sesambrötchen
8 EL Hoisin-Sauce
1 Frühlingszwiebel, den grünen Teil in Ringe geschnitten

*Außerdem:*
Grill mit Deckel zum direkten Grillen (möglichst mit gusseisernem Grillrost)
Küchenmaschine mit Hackmessern

*Zubereitung*
Vorbereitungszeit: 1 Stunde
Zubereitungszeit: 20 Minuten

Für das eingelegte Gemüse zuerst die Marinade zubereiten. Dazu das kochende Wasser, den Zucker, den Essig und das Salz verrühren, bis sich der Zucker und das Salz vollständig aufgelöst haben. Auf Zimmertemperatur abkühlen lassen. Die Karotte schälen und in ½ cm dicke Scheiben schneiden. Die Zwiebel schälen und in ½ cm dicke Ringe schneiden. Die Karotte und die Zwiebel in die Marinade geben und 1 Stunde marinieren lassen. Abschließend gut abtropfen.

Den Grill fürs direkte Grillen vorbereiten und auf eine Temperatur von etwa 250 °C erhitzen.

Für die Fisch-Pattys das Kabeljaufilet in höchstens ½ cm große Stücke schneiden. Die Jakobsmuscheln mit der Mayonnaise in der Küchenmaschine pürieren. Die Fischstücke mit dem Jakobsmuschelpüree und den übrigen Zutaten für die Fisch-Pattys mischen und mit feuchten Händen aus der Masse 4 gleich große Pattys formen. Aus dem Salatkopf den gelben Strunk herausschneiden, den Salat waschen und gut abtropfen lassen. Mit dem Wakame-Salat und der Ponzu-Sauce mischen.

Die Fisch-Pattys mit einem Pfannenheber vorsichtig auf den Grillrost des Grills legen und den Deckel schließen. Es ist wichtig, dass die Pattys bereits zu 75 % gegart sind, bevor sie gewendet werden. Die Pattys einmal umdrehen und fertig grillen. Sie sollten sich fest anfühlen. Während die Pattys grillen, die Sesambrötchen aufschneiden und mit dem vorbereiteten Friséesalat und dem eingelegten Gemüse belegen. Die fertig gegarten Fisch-Pattys darauf anrichten und mit Hoisin-Sauce und Frühlingszwiebelringen garnieren.

# KUBA-SANDWICH SMOKEY-STYLE

**DIESER KUBANISCHE STREETFOOD-KLASSIKER MIT EINEM BBQ-EFFEKT IST DAS PERFEKTE SANDWICH ZUR MITTAGSZEIT. GEBRATENES SCHWEINEFLEISCH, SCHARFER SENF UND ERFRISCHENDE GEWÜRZGURKEN PASSEN WUNDERBAR ZUSAMMEN. KUBANISCHE BRÖTCHEN SIND ZWAR BEI UNS NUR SCHWER ZU BEKOMMEN, DOCH FLADENBROT IST EINE GUTE ALTERNATIVE.**

*Zutaten (für 4 Personen)*

## FÜR DEN SCHWEINENACKEN:

600 g Schweinenacken von guter Qualität
4 EL „Piggy Mix"-BBQ-Kräuter (siehe Seite 27)
1 Rezeptmenge Smokey's Pig-Spray (siehe Seite 29)

4 kubanische Brötchen, oder Fladenbrot
2 EL Olivenöl
6 EL scharfer Dijonsenf
6 EL „Smokey's Original"-BBQ-Sauce (siehe Seite 28)
200 g Krustenschinken, in Scheiben
20 Scheiben Gewürzgurke, längs geschnitten
300 g Emmentaler, in Scheiben

*Außerdem:*
Grill mit Deckel zum indirekten Grillen
1 Handvoll Apfel- oder Kirsch-Holzchips
Sprühflasche
Aluminiumfolie
Kernthermometer
4 Ziegelsteine
Backpinsel

*Zubereitung*
Vorbereitungszeit: 1 Stunde
Zubereitungszeit: 4½ Stunden

Den Grill fürs indirekte Grillen vorbereiten und auf etwa 120 °C erhitzen. Die Holzchips ½ Stunde in einer Schüssel mit Wasser einweichen, abgießen und auf den glühenden Kohlen verteilen. In der Zwischenzeit den Schweinenacken mit den „Piggy Mix"-BBQ-Kräutern einreiben. Den Schweinenacken auf den Grill legen und etwa 4 Stunden garen, bis er eine Kerntemperatur von 70 °C hat. Dabei alle ½ Stunde mit Smokey's Pig-Spray besprühen. Den gegarten Schweinenacken locker in Aluminiumfolie einwickeln und warm halten. Den Grill fürs direkte Grillen umbauen (möglichst einen gusseisernen Grillrost verwenden) und auf 200 °C erhitzen.

Die vier schweren Ziegelsteine in Aluminiumfolie wickeln. Die Brötchen in der Mitte längs durchschneiden und die Außenseiten mit Olivenöl einpinseln. Die Innenseite der einen Hälfte mit Senf, die Innenseite der anderen Hälfte mit BBQ-Sauce bestreichen. Den gegarten Schweinenacken in dicke Scheiben schneiden und zusammen mit Schinkenscheiben, Gewürzgurken und Emmentaler auf die vier, mit Senf bestrichenen, Brötchenhälften schichten. Zum Schluss jeweils die mit BBQ-Sauce bestrichene obere Hälfte auflegen. Die Sandwiches auf den heißen Grillrost legen und auf jedes Sandwich einen Ziegelstein legen, mit dem die Sandwiches flach gedrückt werden. Die Sandwiches grillen, bis sie ein schönes Grillmuster haben und der Käse geschmolzen ist. Die Sandwiches mit den Grillstreifen nach oben servieren.

WILD JO

CHAMPION
KC Masterpiece
Barbecue Contest
FIVE
COMPETITION BBQ TEAM
WESTWOOD, KS.
KANSAS CITY
BARBECUE CAPITAL
WORLD
Lite

1993
AMERICAN
ROYAL
BARBECUE
OCT 1&2
ARKANSAS
WILD HOG
BAR-B-QUE COOK OFF
JOE'S
BAR-B-QUE
MENU
SALADS
THE PIT BOSS
PULLED CHICKEN
THE PIG
SIDE TOSSED SALAD
PULLED PORK
SMOKED TURKEY
SMOKED HAM
BEEF BRISKET
COMBO SANDWICH
SMOKIE JOE
JOE'S BBQ SAUSAGE ON A BUN
SPECIALTIES
CAROLINA PORK SANDWICH
HOG HEAVEN
OPEN FACED LEAN-N-MEAN
PULLED CHICKEN BREAST SANDWICH
Z-MAN SANDWICH
RIB DINNER
RIB & BRISKET DINNER
RIB & CHICKEN DINNER
ONE MEAT DINNER
BRISKET DINNER
TWO MEAT DINNER
SMOKED CHICKEN DINNER
RIB DINNER
SLAB DINNER
LENTEN OFFERINGS

# BBQ-PARTY-PLATTE

**WEG MIT DEN PUMPERNICKEL-HÄPPCHEN UND DEN KÄSEWÜRFELN: VERFÜHREN SIE IHRE GÄSTE MIT FEIN-SÜSSEN HÄHNCHEN, FANTASTISCHEN BUFFALO-TURDS UND WÜRZIGEN MOINK-BALLS. LETZTERE VERDANKEN IHREN NAMEN DEM „MUH" DER RINDFLEISCHFRIKADELLEN UND DEM „OINK" DES BACONS.**

*Zutaten (für 8 Personen)*

## FÜR DIE HÄHNCHEN-HONIG-POPS:

12 Drumsticks (Unterkeulen von freilaufenden oder Bio-Hähnchen)
12 EL „Chick Mix"-BBQ-Kräuter (siehe Seite 27)
24 Scheiben geräucherter Bacon
6 EL Honig
3 EL Mirin-Fu (Reiswein ohne Alkohol)

## FÜR DIE MOINK-BALLS:

12 kleine Rinderhackfleischbällchen, selbst gemacht
12 Scheiben geräucherter Bacon
6 EL Smokey's Beef-Rub (siehe Seite 27)
8 EL „Bold & Beefy"-BBQ-Sauce (siehe Seite 29)

## FÜR DIE ATOMIC-BUFFALO-TURDS (ABT'S):

6 frische Jalapeño-Chilischoten
100 g Rahmfrischkäse
50 g Hartkäse, z. B. Cheddar
12 Scheiben geräucherter Bacon
6 EL „Piggy Mix"-BBQ-Kräuter (siehe Seite 27)

½ Bund Staudensellerie, in Stängeln
200 g Karotten

## FÜR DIE DIPS NACH WAHL:

„Smokey's Original"-BBQ-Sauce, Carolina-Essigsauce oder Ranchsauce (siehe Seiten 28, 29 und 60)

*Außerdem:*
1 Handvoll Apfel-, Kirsch- oder Mesquite-Holzchips
Aluminiumfolie
Cocktailspieße
Backpinsel
Grill mit Deckel zum indirekten Grillen

*Zubereitung*
Vorbereitungszeit: 1½ Stunden
Zubereitungszeit: 1 Stunde

Die Holzchips in einer Schüssel mit Wasser einweichen.

Um die Hähnchen-Honig-Pops vorzubereiten an jeder Unterkeule, unter dem Knöchelgelenk, rundherum durch Fleisch und Haut schneiden. Das Fleisch zum dickeren Teil des Drumsticks drücken, sodass das Knöchelgelenk freiliegt. Mit einem Messer Knorpel und Haut am Knochen und eventuelle Sehnen und Fleischreste vom Knochen entfernen. Die Drumsticks mit wenig „Chick Mix"-BBQ-Kräutern bestreuen und das Fleisch mit jeweils 2 Scheiben geräuchertem Bacon umwickeln. Die Enden mit einem Cocktailspieß zusammenstecken. Honig mit Mirin-Fu verrühren und beiseitestellen.

Für die Moink-Balls jedes Rinderhackbällchen in 1 Scheibe geräucherten Bacon wickeln und die Enden mit einem Cocktailspieß zusammenstecken. Die eingewickelten Fleischbällchen mit Smokey's Beef-Rub bestreuen.

Für die Atomic-Buffalo-Turds die Chilischoten längs halbieren und den Stängel möglichst nicht beschädigen. Die Chilis entkernen und mit Frischkäse füllen. Den Hartkäse in feine Streifen schneiden, die etwa die Länge der Chilis haben und jeweils 1 Streifen Käse in jede Chilischote drücken. Jede gefüllte Chilischote mit 1 Scheibe Bacon umwickeln und eventuell mit einem Cocktailspieß fixieren. Die „Piggy Mix"-BBQ-Kräuter darüber verteilen.

Den Grill fürs indirekte Grillen vorbereiten und auf eine Temperatur von etwa 180 °C erhitzen. Holzchips abtropfen lassen und auf den Kohlen verteilen. Die Hähnchenkeulen auf den Grillrost legen und den Deckel schlissen. Dabei sollten die dicken Hähnchenteile zum Feuer zeigen. Nach 25 Minuten die herausstehenden Knochen mit Aluminiumfolie umwickeln, damit sie nicht schwarz werden. Die Moink-Balls und Buffalo-Turds neben die Keulen legen und 20 Minuten grillen. Die umwickelten Hähnchenkeulen mit der Honig-Mirin-Sauce einpinseln und weitere 10 Minuten grillen, bis der Bacon tiefrot und knusprig ist. Das Grillgut auf einer großen Platte anrichten und zusammen mit Staudensellerie, Karotten und den Saucen servieren.

# BUFFALO CHICKEN WINGS

## MIT BLAUSCHIMMELKÄSE-DIP

**OBWOHL AMERIKANER HÄHNCHENFLÜGEL GERN FRITTIEREN, IST DER GRILL/SMOKER EINE VIEL BESSERE WAHL. MIT DEM FEINEN RAUCHAROMA EINES SMOKER KANN DIE FRITTEUSE NICHT MITHALTEN. ERSCHRECKEN SIE NICHT BEI DER TABASCO-MENGE IN DIESEM REZEPT, DENN DER BLAUSCHIMMELKÄSE-DIP UND DIE ROHKOST EILEN ZUR KÖSTLICH KÜHLENDEN RETTUNG.**

*Zutaten (für 4 Personen)*

### FÜR DEN BLAUSCHIMMELKÄSE-DIP:

75 g Mayonnaise
75 g saure Sahne
75 g Blauschimmelkäse, zerbröselt
1½ TL Schnittlauch, fein gehackt
Salz und schwarzer Pfeffer, frisch gemahlen

### FÜR DIE CHICKEN WINGS:

2 kg Hähnchenflügel
1 EL geräuchertes Paprikapulver
1 Msp. Cayennepfeffer
Salz und schwarzer Pfeffer, frisch gemahlen

### FÜR DIE BUFFALO-SAUCE:

75 ml Tabasco
100 g Butter
1½ EL Weißweinessig
1 Msp. Cayennepfeffer
1 TL Knoblauchpulver
1 TL Worchestershiresauce
Salz und schwarzer Pfeffer, frisch gemahlen

½ Bund Staudensellerie, in Stängeln
200 g Karotten, gewaschen und eventuell geschält

*Außerdem:*
1 Handvoll eingeweichte Apfel-, Kirsch- oder Mesquite-Holzchips
Grill mit Deckel zum indirekten Grillen

*Zubereitung*
Vorbereitungszeit: 1 Stunde
Zubereitungszeit: 30 Minuten

Den Grill fürs indirekte Grillen vorbereiten und auf eine Temperatur von etwa 160 °C erhitzen.

Für den Blauschimmelkäse-Dip alle Zutaten gründlich verrühren.

Die Hähnchenflügel in eine große Rührschüssel legen und gleichmäßig mit dem Paprikapulver, dem Cayennepfeffer und mit Salz und Pfeffer bestreuen. Die eingeweichten Holzchips abtropfen lassen und auf den glühenden Kohlen verteilen. Die gewürzten Flügel auf den Grillrost legen und den Deckel schließen. Die Hähnchenflügel 35 Minuten grillen. Dann sollten sie fertig gegart und schön braun geröstet sein.

Während die Hähnchenflügel auf dem Rost liegen, den Sellerie waschen und in 8 cm lange Stängel schneiden. Für die Sauce alle Zutaten in einem Stieltopf bei geringer Temperatur erhitzen. Wenn die Butter geschmolzen ist und sich alles gut gemischt hat, ist die Sauce fertig.

In einer Rührschüssel die fertigen Hähnchenflügel in der Buffalo-Sauce gründlich wenden, sodass sie rundherum von der Sauce bedeckt sind. Die Chicken Wings und den Blauschimmelkäse-Dip in Schalen anrichten und zusammen mit der Rohkost servieren.

# COMPETITION Q

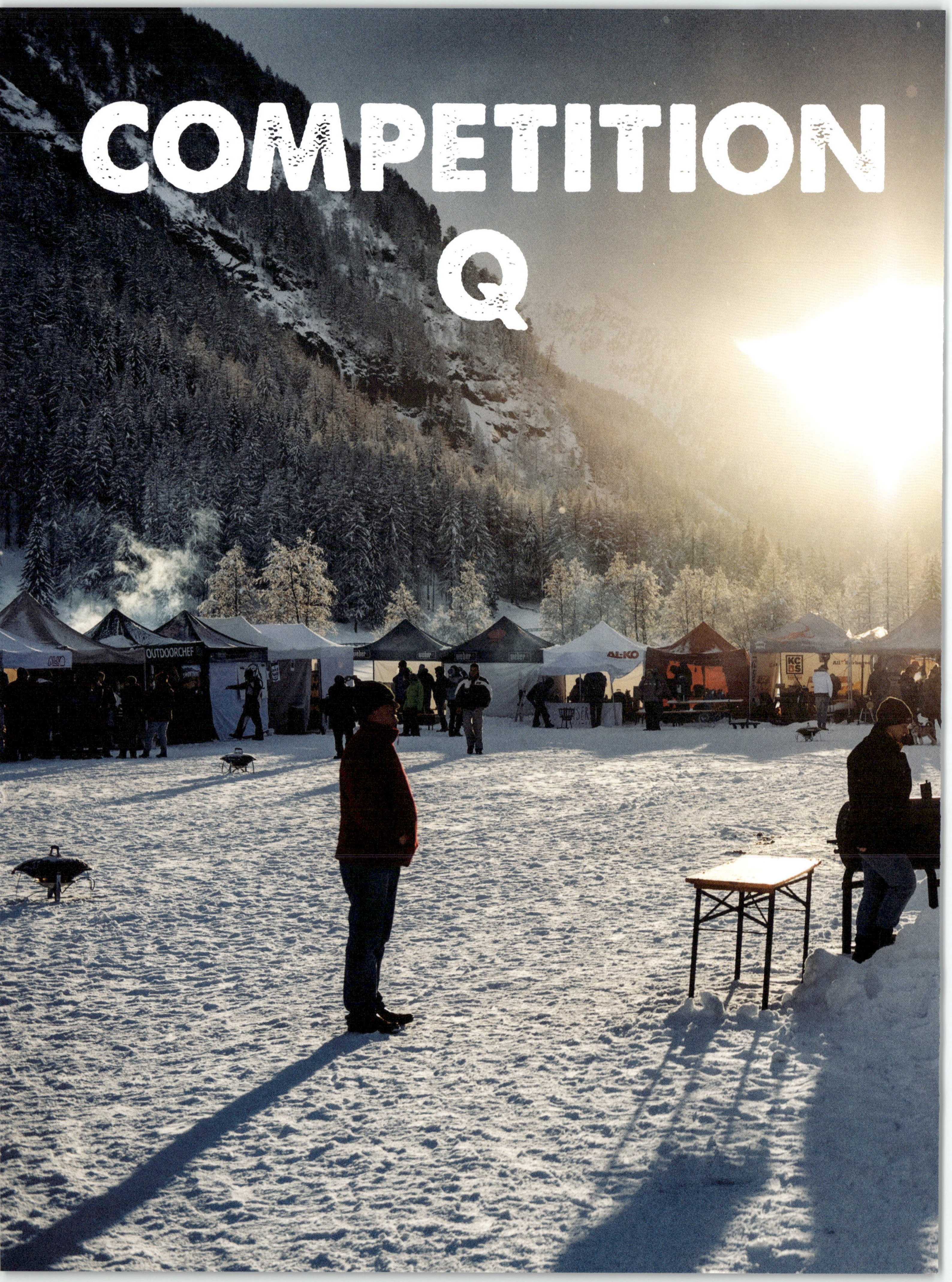

# COMPETITION Q

**INZWISCHEN KÄMPFEN ETWA 250 EUROPÄISCHE TEAMS IN DER KANSAS CITY BARBECUE SOCIETY (KCBS) UM DIE „BRAGGING RIGHTS", ALSO UM DAS RECHT, MIT DER ABGELIEFERTEN LEISTUNG ANGEBEN ZU DÜRFEN. ES GEHT UM MEHR ALS UM DEN BLOSSEN GEWINN VON PREISEN UND TITELN. DIE BBQ-SZENE IST GESPICKT MIT INTERNATIONALEN FREUNDSCHAFTEN, GETEILTEN ABENTEUERN UND MIT ABENDEN, AN DENEN MAN SICH, MIT EINEM BIER ODER WHISKEY IN DER HAND, GESCHICHTEN ERZÄHLT. MIT SMOKEY GOODNESS HABE ICH MEIN HOBBY ZUM BERUF GEMACHT. AUF BBQ-WETTKÄMPFEN KANN ICH, OHNE IRGENDWELCHE VERPFLICHTUNGEN, ZUSAMMEN MIT GLEICHGESINNTEN BBQ-BEGEISTERTEN AM SMOKER STEHEN. ICH MÖCHTE IHNEN MEHR VON MEINEM HOBBY ERZÄHLEN UND HOFFE, DASS ICH SIE DAFÜR BEGEISTERN KANN, ES BEI EINEM DER ZAHLREICHEN BBQ-WETTKÄMPFEN DER KCBS EINMAL MIT UNS AUFZUNEHMEN.**

## DER KAMPF GEGEN SICH SELBST

In BBQ-Wettkämpfen tritt man nicht nur gegen andere an, sondern kämpft vor allem gegen sich selbst. Jedes Team gibt sein Bestes, doch von Rivalität kann keine Rede sein. Egal, ob Ihnen eine wichtige Zutat fehlt oder Sie noch nie eine Hähnchenkeule vorbereitet haben; es ist immer ein Team in der Nähe, das helfend einspringen kann. Den Einzigen, der zwischen Ihnen und dem heißbegehrten Titel des Grand Champions steht, sehen Sie morgens im Spiegel. Es ist an Ihnen, das Fleisch gut vorzubereiten, die Temperatur des Grills/Smokers gut unter Kontrolle zu haben und das Fleisch im richtigen Moment von der Hitze zu nehmen. Die ultimative Geschmackskombination für die Injektionsflüssigkeit, die Würze und die Saucen zu finden, auch das macht einen Teil des Titelgewinns aus. Sie müssen immer daran denken, dass Sie vor einer Jury kochen und nicht für sich selbst. Darum besser alles vermeiden, was zu viel sein könnte: also nicht zu süß, nicht zu scharf, nicht zu geschmacklos und nicht zu lange gegart. Auch wenn Sie alle Sterne vom Himmel gekocht haben, Ihr Grillgut fantastisch aussah und Sie selbst ein wenig stolz auf Aroma und punktgenaue Garzeit waren; es ist und bleibt ein Jury-Sport und da kann auch das Ergebnis manchmal hinter den Erwartungen zurückbleiben. Lassen Sie sich nicht entmutigen und machen Sie beim nächsten Mal einfach da weiter, wo Sie aufgehört haben, erhobenen Hauptes und mit einem Bier in der Hand. Die Rezepte in diesem Kapitel können als Leitfaden für Wettbewerbsanfänger dienen. Probieren Sie sie einfach einmal aus und nehmen sie als Grundlage, um Ihre eigenen Wettkampfrezepte zu kreieren.

## TIPPS FÜR COMPETITION ROOKIES

Eine Teilnahme an den BBQ-Wettkämpfen der KCBS führt Sie zum Herz der europäischen BBQ-Kultur. Die KCBS hat bestimmte Wettkampfregeln, doch auch die BBQ-Szene kennt ihre ungeschriebenen Regeln, die man sich als Anfänger aneignen sollte, um möglichst schnell in die BBQ-Familie aufgenommen zu werden. Hier einige Tipps, um Ihnen einen Zugang zur Welt der BBQ-Fans zu verschaffen.

Sprich die gleiche Sprache. Die BBQ-Welt zeichnet sich durch einen eigenen Jargon aus. Lernen Sie ihre Sprache und vermeiden Sie Sprachlosigkeit, wenn Ihnen jemand etwas von Texas Crutch oder Boston Butt erzählt. Die Liste mit dem BBQ-Jargon auf Seite 13 bringt Sie ein Stück weiter.

Teilen heißt vervielfachen. Ob Sie nun den Inhalt Ihrer Kühlbox oder Ihr Wissen teilen; alles, was Sie geben, bekommen Sie doppelt zurück. In der BBQ-Szene werden wir durch das Teilen unseres Wissens immer besser. Teilen Sie Ihre Erfahrungen mit anderen und Sie bekommen eine wahre Flut an Informationen zurück.

7:07. Bei jedem BBQ-Wettkampf wird morgens um 7:07 Uhr mit einem hochprozentigen Drink ein Toast auf den Erfolg ausgesprochen. Man muss sich erst an diese amerikanische BBQ-Tradition gewöhnen, doch wenn Sie immer wieder am Stand mit den Drinks stehen, werden Sie schnell als Insider angesehen.

Den Fanatismus nicht unterschätzen. Beim Wettkampf-Barbecue geht es ums Detail: die richtigen Geschmacksverhältnisse, genaue Temperaturen und Konsistenzen. Also niemals ungefragt die Garkammer von anderen Teilnehmern öffnen. Die daraus resultierende Temperaturschwankung kann dazu führen, dass es um die Freundlichkeit schnell geschehen ist.

»ROI«
sMoking Ba
B bq

BBQ
Fionia BBQ
www.fioniabbq.dk

# CHICKEN

**JURYMITGLIEDER SIND DARAUF TRAINIERT, EIN GUT ZUBEREITETES HÄHNCHEN SOFORT ZU ERKENNEN. ES BEKOMMT DURCH DIE HAUT BISS, ABER SIE MÜSSEN GUT DURCH DIE HAUT BEISSEN KÖNNEN. UM EIN HÄHNCHEN RICHTIG ZUZUBEREITEN, MUSS MAN TIEF IN DIE TRICKKISTE GREIFEN. DIE HAUT WIRD ZUNÄCHST ENTFERNT UND SORGFÄLTIG ABGESCHABT, UM DAS FETT ZU ENTFERNEN. DANN WIRD DIE HAUT WIEDER AUF DAS FLEISCH GELEGT UND DER GARPROZESS DURCHLÄUFT MEHRERE STADIEN, UM DER JURY DAS PERFEKTE HÄHNCHEN-FEELING ZU BIETEN.**

*Zutaten*
12 Hähnchenschenkel, mit Knochen und Haut
50 g Smokey's „Chick Mix"-BBQ-Kräuter (siehe Seite 27), oder ein amerikanischer Rub wie *Plowboys Bovine Bold*
1½ Bünde krause Petersilie
100 ml Hühnerbrühe
4 EL flüssige Margarine
4 EL Agavendicksaft
200 ml „Smokey's Original"-BBQ-Sauce (siehe Seite 28), oder eine amerikanische Sauce, fertig gekauft, z. B. *Blues Hog Original*

*Außerdem:*
scharfes Filetiermesser
Kochmesser
Injektionsspritze
Aluminium-Einwegtropfschale
Aluminiumfolie
Spatel
2 Handvoll Kirschholzchips, eingeweicht
Grill mit Deckel zum indirekten Grillen
BBQ-Guru (siehe Seite 13)

*Zubereitung*
Vorbereitungszeit: 2 Stunden
Zubereitungszeit: 2 Stunden

## SAMSTAG

Von jedem Hähnchenschenkel die Haut entfernen, diese beiseitelegen und mit einem scharfen Filetiermesser vorsichtig den Knochen aus jedem Schenkel herauslösen. Den entbeinten und gehäuteten Hähnchenschenkel auf einem Schneidebrett flach hinlegen und zu einem Rechteck zuschneiden. Mit den anderen elf Hähnchenschenkeln entsprechend verfahren. Die Hähnchenhäute mit der Seite, die vormals am Fleisch saß, nach oben flach auf das Schneidebrett legen. Mit den Fingern glatt streichen. Mit einem scharfen Filetiermesser im 90-Grad-Winkel möglichst viel Fett von der Haut kratzen, dabei vorsichtig arbeiten, damit die Haut keine Risse oder Löcher bekommt. Mit den restlichen Häuten ebenso verfahren. Nun einen zurechtgeschnittenen Schenkel nehmen, etwas rollen und in eine ovale Form bringen. Das Fleisch mit wenigen BBQ-Kräutern bestreuen, eine sauber gekratzte Haut über den Schenkel legen und die Ränder unter das Fleisch falten. Mit den restlichen elf Schenkeln und Häuten ebenso verfahren. Die Hähnchenpäckchen in Aluminiumfolie wickeln und über Nacht kühl stellen. Die Präsentationskiste (siehe nebenstehendes Foto) mit den Spitzen der krausen Petersilie auslegen.

## SONNTAG

**09.00:** Den Grill fürs indirekte Grillen vorbereiten und auf eine konstante Temperatur von etwa 130 °C erhitzen (eventuell mit dem BBQ-Guru kontrollieren).
**09.30:** Die Hähnchenpäckchen aus der Aluminiumfolie nehmen und eventuell mit den Fingern nochmals in eine schöne ovale Form bringen. Mit den BBQ-Kräutern leicht und gleichmäßig bestreuen.
**09.50:** Die Räucherholzchips abgießen und auf den glühenden Kohlen verteilen.
**10.00:** Das Hähnchen auf den Grillrost legen und mit geschlossenem Deckel 1 Stunde smoken.
**11.00:** Eine Aluminium-Einwegtropfschale ½ cm hoch mit Agavendicksaft und Hühnerbrühe füllen. Das Hähnchen vom Grillrost nehmen und in die Aluminiumschale legen. Das Hähnchen mit flüssiger Margarine einpinseln, die Schale luftdicht mit Aluminiumfolie verschließen und zurück auf den Grill stellen.
**11.40:** Das Hähnchen mit dem Spatel vorsichtig aus der Aluminiumschale heben und zurück auf den Grillrost legen.
**11.50:** Das Hähnchen vom Grillrost nehmen und mit der Hand vorsichtig durch die BBQ-Sauce ziehen (wenn mit einem Pinsel gearbeitet wird, können eventuell Streifen entstehen, was unbedingt vermieden werden sollte). Das mit Sauce bearbeitete Hähnchen zurück auf den Grillrost legen.
**11.55:** Von den 12 Hähnchenschenkeln die 8 gleichmäßigsten und schönsten auswählen und diese ordentlich in der mit Petersilie ausgelegten Präsentationskiste arrangieren.

BOULEVARD

# WETTKAMPFGLÜCK

**WISSEN SIE, WARUM ICH DAVON ÜBERZEUGT BIN, DASS MAN ALS BBQ-BEGEISTERTER AUCH AN WETTKÄMPFEN TEILNEHMEN SOLLTE? GANZ EINFACH, WEIL ES EIN SPORT IST, BEI DEM JEDER DIESELBEN GEWINNCHANCEN HAT. NATURGEMÄSS SIND IMMER AUCH ERFAHRENE TEAMS AM START, DIE GARANTIERT PREISE EINHEIMSEN, DOCH AUCH ALS UNERFAHRENER ANFÄNGER HABEN SIE GUTE GEWINNCHANCEN. WOHER WIR VON SMOKEY GOODNESS DAS WISSEN? WEIL AUCH WIR DAMALS ALS NEW KIDS ON THE BLOCK PREISE GEWANNEN. ZUM BEISPIEL BEIM RENOMMIERTEN NIEDERLÄNDISCHEN TONY STONE LOW & SLOW COMPETITIE ODER BEI DER WELTMEISTERSCHAFT WHOLE HOG BARBECUE IN ESTLAND.**

## „TONY STONE LOW & SLOW"-BBQ-MEISTERSCHAFT

Ich erinnere mich daran, als wäre es gestern gewesen: mein erster BBQ-Wettkampf. 2013 fand die *Tony Stone Low & Slow Competitie* zum dritten Mal statt. Ich betrat als absoluter Grünschnabel die Wettkampfarena. Noch niemals hatte ich ein Brisket in Händen gehalten und auch das Hähnchen im Wettkampf-Stil war eine gänzlich neue Erfahrung für mich. Glücklicherweise fiel mein unerfahrenes Herumgehampel dem Team von *Don Marco's* auf. Die Jungs zeigten mir, wie man das Brisket und das Hähnchen zuschneiden muss und gaben mir einige Tipps zu Temperaturen und Garzeiten. Guten Mutes startete ich mit diesem frisch erworbenen Wissen meinen ersten Wettkampf, doch ich wurde schnell von Panik übermannt. Der Grill, in dem das Brisket lag, war nicht unter Kontrolle zu bekommen und die Temperatur stieg unaufhaltsam. Völlig kopflos rannte ich über das ganze Wettkampfgelände, bis mir die Jungs von *Don Marco's* nochmals unter die Arme griffen. Das Brisket wurde vom Grill genommen, in einer Thermobox warm gehalten, bis der Grill endlich die richtige Temperatur hielt und das Brisket wieder aufgelegt werden konnte. Das ging einige Stunden gut, bis der Grill erneut aufflammte. Das Ganze wiederholte sich und schließlich schien mein Brisket sechs Stunden vor der Zeit schon gar zu sein. Ich musste es in der Thermobox warm halten und sechs Stunden später anschneiden und der Jury präsentieren. Frischen Mutes lief ich zur Siegerehrung. Organisator Harry Havinga eröffnete die Zeremonie mit der Kategorie Hähnchen und zu meiner Überraschung schien *Smokey Goodness* hier den dritten Platz gemacht zu haben. Doch die größte Überraschung kam noch. Als der Gewinner in der Kategorie Brisket bekanntgegeben wurde, erzählte Harry die Geschichte von einer kopflosen Person, die er nachts beobachtet hatte. Kurz darauf gewann ich mit meinem ersten jemals zubereiteten Brisket den ersten Preis. Meinen allerersten BBQ-Wettkampf beendete ich als Fünfter von 32 Teams. Sie sehen, auch als Anfänger kann man Glück haben, gleichwohl alle Zeichen gegen einen stehen.

## WELTMEISTER

2014 hatten wir uns bereits mit KCBS-Wettkämpfen, bei denen wir regelmäßig in den Top Ten landeten, unsere Sporen verdient. Im Sommer bahnte sich jedoch ein neues Abenteuer an. Harry Havinga hatte mir eine Mail weitergeleitet, in der man mich zur Teilnahme an der Weltmeisterschaft *Whole Hog Barbecue* in Estland einlud. Das hörte sich für mich und meine Kollegen äußerst vielversprechend an, schließlich hatten wir in unserem Cateringbetrieb schon häufiger ein Spanferkel zubereitet. Warum also nicht? Wir hängten unseren Pig Roaster (ein spezieller Grill für die Low-and-Slow-Zubereitung von ganzen Schweinen) hinter den Kleintransporter und fuhren in 26 Stunden, ohne Pause, nach Estland. Dort angekommen lernten wir schnell die, vor allem aus Osteuropa stammenden, BBQ-Teams kennen. Wie viele ganze Schweine wir denn pro Woche in unserem Cateringbetrieb zubereiten würden, war die wohl meist gestellte Frage. Unser Viertelschwein pro Woche war nichts im Vergleich zu den acht ganzen Schweinen der meisten anderen Teilnehmer. Der Underdog war gefunden. Gewappnet mit dem Rezept einer amerikanischen BBQ-Website machten wir uns daran, zum ersten Mal bei einem Wettkampf ein Low-and-Slow-Schwein zuzubereiten. Das Schwein sauber zuschneiden, injizieren, den Rub aufbringen, den Pig Roaster anwärmen und eine Nacht durchmachen, um die Temperatur minutiös auf der eingestellten Gradzahl zu halten. Unter großer Anteilnahme des estländischen Publikums präsentierten wir den, nur gebrochen Englisch sprechenden, Jury-Mitgliedern das zubereitete Schwein – und standen zwei Stunden später auf dem Podium und hielten den Pokal in Händen.

## BBQ-ABENTEUER

Ob renommierte BBQ-Meisterschaften wie *Tony Stone Low & Slow Barbecue Competitie* – inzwischen Europas größter und herausforderndster BBQ-Wettkampf –, eine Weltmeisterschaft in einem fernen Land oder ein Barbecue unter winterlichen Bedingungen auf 2.500 Meter Höhe in den italienischen Alpen: BBQ-Wettkämpfe sind immer großartige Abenteuer mit viel Geselligkeit. Es sind die Kameradschaft der BBQ-Teams aus der ganzen Welt und der Adrenalinkick, wenn man gewinnt, die dafür sorgen, dass wir, wann immer es möglich ist, neben unseren beruflichen Catering-Aktivitäten an Wettkämpfen teilnehmen.

# RIBS

**GUTE WETTKAMPF-SPARERIBS SIND ZART UND DICKFLEISCHIG, SIE HABEN EINEN FEINEN MAHAGONI-TON UND IHR GESCHMACK IST PERFEKT AUSBALANCIERT. EIN SOLCHES RESULTAT IST HARTE ARBEIT. BITTEN SIE IHREN METZGER UM SPARERIBS IM ST. LOUIS CUT. DAS SIND DICK GESCHNITTENE SPARERIBS VOM BAUCH, DIE FETTER UND FLEISCHIGER SIND ALS DIE BEKANNTEN BABY BACK SPARERIBS – AUSSERDEM WIRD DAS ERGEBNIS DADURCH VIEL BESSER. SORGEN SIE FÜR EIN GESCHMACKSPROFIL MIT EINER GUTEN BALANCE VON RAUCH, SÜSSE UND WÜRZE. KOMBINIEREN SIE DIES MIT DER PERFEKTEN GARZEIT, BEI DER DAS FLEISCH, WENN MAN EINEN KLEINEN BISSEN NIMMT, NOCH GERADE AM KNOCHEN VERBLEIBT – UND SCHON SIND SIE FÜR EINEN CALL ODER EINEN WALK BESTIMMT.**

*Zutaten*
4 Sparerib-Racks im St. Louis Cut
4 EL Sriracha-Sauce (scharfe Chilisauce, aus dem Asialaden)
1½ Bünde krause Petersilie
50 g „Piggy Mix“-BBQ-Kräuter (siehe Seite 27), oder ersatzweise einen amerikanischen Rub wie Butt Rub
300 ml Smokey's Pig-Spray (siehe Seite 29)
200 ml flüssige Margarine
200 g Agavendicksaft
200 ml Chilisauce
8 EL Rohrohrzucker
8 TL Tabasco
200 ml Apfelsaft

200 ml „Smokey's Original“-BBQ-Sauce (siehe Seite 28), oder ersatzweise eine fertige amerikanische Sauce wie *Blues Hog Original*

*Außerdem:*
Kreuzschraubendreher
Aluminiumfolie
Sprühflasche
Elektromesser
2 Handvoll Apfelholzchips, eingeweicht
Grill mit Deckel zum indirekten Grillen
BBQ-Guru (siehe Seite 13, wahlweise)

*Zubereitung*
Vorbereitungszeit: 1 Stunde
Zubereitungszeit: 6 Stunden

## SAMSTAG

Von jeder Rib-Leiter die Silberhaut entfernen. Dazu mit dem Schraubendreher zwischen die Silberhaut und das Fleisch stechen und diesen mit einer leicht rüttelnden Bewegung unter die Silberhaut führen. Dann den Schraubendreher etwas hochziehen, aber die Leiter dabei runterdrücken, um die Silberhaut abzuziehen. Mit den restlichen drei Racks ebenso verfahren. Die Sriracha-Sauce über die Ribs geben, von beiden Seiten gründlich einreiben, die Rippchen in Aluminiumfolie wickeln und über Nacht kühl stellen. Die Präsentationskiste für den Wettkampf vorbereiten. Dazu den Boden mit den Spitzen der Petersilie auslegen.

## SONNTAG

**6.30:** Die Ribs von beiden Seiten großzügig und gleichmäßig mit den BBQ-Kräutern bestreuen. Die Apfelholzchips in Wasser einweichen. Den Grill fürs indirekte Grillen vorbereiten und auf eine konstante Temperatur von 110 °C erhitzen (eventuell mit dem BBQ-Guru kontrollieren).
**07.20:** Die Räucherholzchips abgießen und auf den glühenden Kohlen verteilen.
**07.30:** Die gewürzten Spareribs mit der Knochenseite nach unten auf den Grillrost legen und den Deckel des Grills schließen. Die Ribs alle ½ Stunde mit Smokey's Pig-Spray besprühen.
**10.00:** Auf der Arbeitsfläche vier Streifen Aluminiumfolie von 40 cm Länge auslegen. Jeweils flüssige Margarine, Agavendicksaft, Chilisauce, Rohrohrzucker und Tabasco in der Mitte der Aluminiumfolie verteilen. Darauf jeweils ein Rack, mit der Fleischseite nach unten, legen. Die Aluminiumfolie an drei Seiten hochklappen. In jedes Päckchen 1 Spritzer Apfelsaft geben und dann fest verschließen. Die Sparerib-Päckchen zurück auf den Grill legen und den Deckel schließen.
**12.10:** Die Spareribs aus der Folie nehmen und mit der Knochenseite nach unten zurück auf den Grillrost legen. Den Deckel schließen.
**12.10:** Die Rippchen großzügig mit der BBQ-Sauce bestreichen und erneut den Deckel schließen.
**12.20:** Die Spareribs vom Grill nehmen und auf ein Schneidebrett legen. Mit einem elektrischen Messer vorsichtig zwischen den Knochen schneiden. Die zehn schönsten und gleichmäßigsten Rippchen auswählen und diese in zwei Reihen in der Präsentationsbox dekorativ arrangieren. Die Box schließen und zum Jury-Tisch (Turn-in-Tisch) bringen.

INTERNATIONAL
big
BARBECUE AND GRILL UNION
Estonian National Barbecue Association
FUNKY

Competition Q

# PORK

**Pulled Pork braucht eigentlich nicht mehr als einen Rub und eine Injektionslösung. Das langsame Smoken garantiert ein schmackhaftes Resultat. Ihr Beitrag muss auf jeden Fall unter den anderen Beiträgen am Tisch der Jury heraussstechen. Schenken Sie auch der Präsentation des Fleisches in der Wettkampfbox Ihr volles Augenmerk.**

*Zutaten*

1 Boston Butt (Teil der Schweineschulter mit Knochen), ca. 4½ kg

## FÜR DIE INJEKTION:

75 g *Butcher BBQ Original Pork Injection* (online erhältlich)
400 ml Apfelsaft
1 TL Tabasco

2 EL Sriracha-Sauce
1½ Bünde krause Petersilie
50 g „Piggy Mix"-BBQ-Kräuter (siehe Seite 27), oder ersatzweise ein fertiger amerikanischer Rub wie *Butt Rub*
200 ml Smokey's Pig-Spray (siehe Seite 29)
200 ml „Smokey's Original"-BBQ-Sauce (siehe Seite 28), oder ersatzweise eine fertige amerikanische Sauce wie *Blues Hog Original*

*Außerdem:*

Schneebesen
Aluminiumfolie
Aluminiumtropfschale
Sprühflasche
Elektromesser
4 Handvoll Apfelholzchips
Kernthermometer
Grill mit Deckel zum indirekten Grillen
BBQ-Guru (siehe Seite 13)

*Zubereitung*

Vorbereitungszeit: 1½ Stunden
Zubereitungszeit: 15 Stunden

## SAMSTAG

Zunächst das feste Fett von der Außenseite des Boston Butts entfernen. An der Seite verläuft ein Teil des Muskels, der sich Money Muscle nennt. Er ist an den quer verlaufenden Linien in der Marmorierung des Fetts zu erkennen (erinnert ein wenig an die Struktur bei japanischem Thunfisch). Mit einem scharfen Messer über die gesamte Länge des Muskels, direkt am Money Muscle, einen 2 cm tiefen Schnitt an Unter- und Oberkante des Boston Butts setzen, sodass ein runder Zylinder entsteht, der in der Mitte längs noch mit dem Boston Butt verbunden ist. Für die Injektionslösung das Pork-Injection-Pulver mit dem Apfelsaft und dem Tabasco gründlich verrühren. Die Lösung mindestens 15 Minuten ruhen lassen und sie dann vorsichtig, Zentimeter für Zentimeter, in beide Seiten des Boston Butts injizieren, bis die gesamt Lösung verbraucht ist. Das ganze Boston Butt mit der Sriracha-Sauce bestreichen, mit den „Piggy Mix"-BBQ-Kräutern bestreuen, in Aluminiumfolie einwickeln und bis zur weiteren Verwendung kühl stellen. Den Boden der Präsentationkiste mit Petersilienspitzen bedecken.

**22.00:** Den Grill fürs indirekte Grillen vorbereiten und auf eine konstante Temperatur von 110 °C erhitzen (eventuell mit dem BBQ-Guru kontrollieren).
**22.50:** Die Räucherholzchips auf den glühenden Kohlen verteilen.
**23.00:** Das Boston Butt auf den Grillrost des Grills/Smokers legen.

## SONNTAG

**01.00–05.00:** Das Fleisch jede Stunde mit Smokey's Pig-Spray einsprühen.
**05.30:** Das Boston Butt in Aluminiumfolie wickeln und zurück auf den Grill legen.
**05.30–10.00:** Die Kerntemperatur des Boston Butts mehrere Male kontrollieren. Sobald der Money Muscle eine Kerntemperatur von 87 °C hat, diesen vorsichtig entlang der zuvor gemachten Einkerbungen vom Boston Butt trennen. Den Money Muscle locker in Aluminiumfolie wickeln und in einer Thermobox warm halten. Das übrige Stück des Boston Butts weitergaren, bis es ebenfalls eine Kerntemperatur von 87 °C hat.
**12.30:** Das Boston Butt vom Smoker und den Money Muscle aus der Thermobox nehmen und die Aluminiumfolie entfernen. Den Money Muscle mit der BBQ-Sauce einpinseln und bei 110 °C 15 Minuten indirekt garen, bis die Sauce gut eingedickt und karamellisiert ist. Inzwischen das Pulled Pork vom Boston Butt vorbereiten. Dazu das Fleisch pullen und die Fleischstückchen in den Fleischsäften in der Schale warm halten. Mit wenig „Piggy Mix"-BBQ-Kräutern bestreuen, 2 EL BBQ-Sauce zugeben und verrühren. Die schönsten Pulled-Pork-Stücke auswählen und in die vorbereitete Präsentationsbox legen. Den Money Muscle vom Grill nehmen und mit dem elektrischen Messer dünne Scheiben (mindestens sechs!) zuschneiden und diese akkurat in die Box legen. Dann 3 EL der Fleischsäfte mit 3 EL der BBQ-Sauce mischen und mit einem Pinsel auf die Scheiben des Money Muscles und des Pulled Porks streichen. Die Box schließen und zum Jury-Tisch bringen.

Hog

# BRISKET

**Für viele Leute ist die Zubereitung des Briskets die schwierigste aller Wettkampfkategorien. Zu trocken, nicht zart genug oder ohne Kruste, weil sie sich einfach nicht bilden will – das sind nur einige der Herausforderungen. Wählen Sie die beste Fleischqualität, bereiten Sie eine schmackhafte Injektionslösung zu, würzen Sie das Brisket mit einem pfeffrigen Rub und verwenden Sie eine dazu passende Räucherholzsorte. Nehmen Sie sich für das Brisket ausreichend Zeit.**

*Zutaten*
1 Brisket (inklusive Point und Flat)

## FÜR DIE INJEKTION

75 g *Butcher's Pork Injektionspulver* (online erhältlich)
200 ml Wasser
200 ml Rinderbrühe
2 TL Worcestershiresauce
1 TL Tabasco

1½ Bünde krause Petersilie
100 g Smokey's Beef-Rub (siehe Seite 27), oder ersatzweise ein fertiger amerikanischer Rub wie *Butt Rub*
200 ml „Smokey's Original"-BBQ-Sauce (siehe Seite 28), oder ersatzweise eine fertige amerikanische Sauce wie *Blues Hog Original*

*Außerdem:*
Schneebesen
Aluminiumfolie
Thermobox
Elektromesser
4 Handvoll Hickory-Chunks
Kernthermometer
Grill mit Deckel zum indirekten Grillen
BBQ-Guru (siehe Seite 13)

*Zubereitung*
Vorbereitungszeit: 1½ Stunden
Zubereitungszeit: 16 Stunden

## SAMSTAG

Das Brisket hat zwei Seiten: eine Seite mit einer festen Fettschicht und eine Fleischseite. Von der Fettseite einen Teil des Fetts abschneiden, sodass eine Schicht von 0,7 cm bleibt. An der Fleischseite mit einem Filetiermesser eventuelle Fleischreste entfernen, sodass es optisch ansprechend wird. Für die Injektion alle Zutaten mit dem Schneebesen verquirlen. Die Lösung mindestens 15 Minuten ruhen lassen und sie dann mit einer Injektionsspritze in beide Seiten des Briskets injizieren. Die Außenseite des Briskets mit Küchenpapier abtupfen. Das Brisket rundherum mit den BBQ-Kräutern würzen und in der Thermobox bis zur weiteren Verwendung kühl stellen.

**21.00:** Den Grill fürs indirekte Grillen vorbereiten und auf eine konstante Temperatur von 110 °C erhitzen (eventuell mit dem BBQ-Guru kontrollieren).
**21.50:** Die Hickory-Chunks auf den glühenden Kohlen verteilen.
**22.00:** Das Brisket mit der Fettschicht nach oben auf den Grillrost legen.

## SONNTAG

**22.00–05.00:** Das Brisket weitergaren, bis es eine schöne tiefdunkle Farbe bekommen hat und die Kräutermischung karamellisiert ist (das sorgt für eine gute Kruste). Das Brisket in zwei Lagen Aluminiumfolie wickeln und zurück in den Smoker legen.
**05.00–10.00:** Das Brisket garen, bis das Flat (der flache Teil des Muskels) eine Kerntemperatur von ungefähr 90 °C erreicht hat. Wichtiger als die tatsächliche Temperatur ist der Widerstand, den Sie fühlen, wenn das Thermometer in das Fleisch gestochen wird: Wenn noch Widerstand spürbar ist, muss das Brisket noch etwas garen. Wenn das Brisket auf den Punkt gegart ist, vom Grillrost nehmen und aus der Aluminiumfolie wickeln. Mit einem Messer entlang der Fettschicht, die zwischen Point (dem dickeren Teil des Muskels) und Flat verläuft, schneiden, sodass sich die beiden Muskelteile trennen. Der Unterschied zwischen den beiden Muskeln ist auch an der Faserrichtung zu erkennen, da diese entgegengesetzt verlaufen. Das Flat, erneut in Aluminiumfolie wickeln, in die Thermobox legen und das Point ohne Aluminiumfolie zurück in den Smoker legen und weitergaren, bis es genauso zart wie das Flat ist. Anschließend ebenfalls in Aluminiumfolie wickeln und in die Thermobox legen.
**13.00:** Das Point in 2 cm große Würfel schneiden, mit der BBQ-Sauce bepinseln und wieder in den Smoker legen, damit die Sauce karamellisieren kann.
**13.20:** Mit dem elektrischen Messer das Flat zunächst in die gewünschte Breite schneiden, damit es später auch in die Präsentationsbox passt. Das Flat nun in ½ cm dünne Scheiben schneiden (mindestens 6 Scheiben in der Wettkampfbox präsentieren) und die Scheiben leicht mit BBQ-Sauce einpinseln. Neben den Scheiben vom Flat die karamellisierten Würfel vom Point anrichten, die Burnt Ends. Den Deckel der Box schließen und zum Jury-Tisch bringen. Nun haben Sie Ihr Grillgut eingereicht, es ist also an der Zeit, sich mit anderen Wettkampfteams auszutauschen, aufzuräumen und dann der Preisverleihung beizuwohnen.

TILOS !
DB
70 M. SISAKÁLARC

# TO BEEF OR NOT TO BEEF?

# TO BEEF OR NOT TO BEEF?

**ALS KULINARISCHE BELOHNUNG FÜR DIE ABGELIEFERTE LEISTUNG GÖNNT SICH JEDER ECHTE FLEISCHLIEBHABER EIN GUTES STEAK. DER VOLLE GESCHMACK EINES SCHÖN GEREIFTEN RINDFLEISCHSTÜCKS VON EINER GUTEN RASSE IST UNVERGLEICHLICH – UND DAHER HERVORRAGEND FÜR DEN EIGENEN GENUSS GEEIGNET. GRILLEN SIE DAS FLEISCH DIREKT ÜBER DER HITZE – SOGENANNTES HOT & FAST –. DAS PUNKTGENAUE GAREN IST EBENFALLS FÜR EIN SCHMACKHAFTES ENDERGEBNIS (WELL-DONE IST EIN ABSOLUTES NO-GO) WICHTIG. ENTSCHEIDEN SIE SICH HINGEGEN FÜR EIN LANGSAMES GAREN BEI NIEDRIGER TEMPERATUR – DAS PRINZIP VON LOW & SLOW –, DANN NEHMEN SIE ZUM SMOKEN EINE MÖGLICHST „WÜRZIGE" HOLZART. RINDFLEISCH VERTRÄGT SICH, IM GEGENSATZ ZU ANDEREN FLEISCHARTEN, WUNDERBAR MIT SCHWEREN RAUCHAROMEN WIE BEISPIELSWEISE EICHEN- ODER HICKORY-HOLZ.**

## SMOKEYS REZEPTE

Beim Catering für Hochzeiten oder andere große Feiern arbeiten wir bei *Smokey Goodness* äußerst gern mit Rindfleisch. Eines unserer Lieblingsstücke ist das Picanha-Steak, das wir genau wie in einem brasilianischen Steakhaus am Drehspieß über dem Holzfeuer zubereiten. Inzwischen haben wir auch die langsam gegrillten Shortribs entdeckt, ein bisher fast unbekanntes Stück Fleisch in den Niederlanden, doch zu Recht ein Hit in der texanischen BBQ-Szene. Dieses Rindfleisch hat einen intensiven Geschmack, den man nicht so schnell vergisst. Das Pulled Beef aus langsam gegartem Rindernacken ist ein tolles Gericht aus dem Low-and-Slow-BBQ-Repertoire und gerade dabei, eines unserer Smokey-Goodness-Festivalklassiker zu werden. In diesem Buch stellen wir Ihnen eine schicke Variante unseres Grundrezepts mit Rotwein und Rindermark vor. Dieses haben wir speziell für *Vision*, einem besonderen Food-Event in Belgien, entwickelt, wo wir unsere kulinarischen Ambitionen zeigen wollten. Das Rezept gefiel den Besuchern so gut, dass wird es in unser Standardprogramm aufgenommen haben.

## QUALITY IS KEY

Der Qualitätsunterschied bei Rindfleisch ist enorm. Rasse, Futter, Wachstumszeit, Lebensbedingungen, Reife und Verarbeitung sind allesamt Faktoren, die bestimmen, ob Sie eine dicke Scheibe Traurigkeit oder ein göttliches Steak auf dem Teller vorfinden. Bei *Smokey Goodness* arbeiten wir am liebsten mit niederländischem Fleisch aus nachweislich nachhaltiger Herkunft, doch bei Rindfleisch machen wir eine Ausnahme. Niederländische Rinder sind im jahrelangen Kampf gegen Fett zu mageren Muskelrindern zurückgezüchtet worden. Wir wählen daher häufig das aus dem Ausland stammende Aberdeen-Angus-Rind, dessen Fleisch, was Qualität und Zartheit angeht, weit über dem niederländischen Rind steht. Europa kennt noch andere interessante Rassen, bei denen man, genau wie beim Wein, unterschiedliche Geschmacksnuancen entdecken kann. Kurzum: Es gibt noch viel zu entdecken, machen Sie sich zu Ihrem Metzger vor Ort auf, testen Sie verschiedene Rassen und Fleischstücke und heizen Sie Ihren Grill/Smoker ein – es geht auf eine kulinarische Entdeckungsreise.

# TEXAS BEEF RIBS

**IN TEXAS GEHT ES BEIM BARBECUE NUR UM EINS: BEEF! DIE TEXANER SIND STOLZ AUF DIE QUALITÄT IHRES RINDFLEISCHES UND WOLLEN NICHTS ANDERES AUF DEM TELLER. KEINE SAUCE UND KEINEN KRÄUTERRUB. UM DEN KRÄFTIGEN RINDFLEISCHGESCHMACK ZU UNTERSTÜTZEN, VERWENDET MAN IN TEXAS DEN DALMATIAN RUB (DALMATINER-RUB), EINE EINFACHE MISCHUNG AUS SALZ UND GROB GEMAHLENEM SCHWARZEM PFEFFER. FÜR DIESES REZEPT IST ES WICHTIG, DASS SIE DICKFLEISCHIGE SHORTRIBS VERWENDEN, DIE SCHÖN MIT FETT MARMORIERT SIND, UND DASS SIE SICH ZEIT ZUM GRILLEN NEHMEN. NACH 8–10 STUNDEN IM SMOKER KANN DAS BESONDERS SCHMACKHAFTE STÜCK RIND SERVIERT WERDEN.**

*Zutaten (für 4 Personen)*
1 Shortrib (mit 4 Knochen in 1 Stück), à 2 kg

### FÜR DEN DALMATION RUB:

2 EL grobes Meersalz
3 EL schwarzer Pfeffer, grob zerstoßen (z. B. Lampong-Pfeffer von Verstegen)

*Außerdem:*
Grill zum indirekten Grillen
3 Hickory-Chunks
Butcher-Paper, oder fettfreies Backpapier
Kreuzschraubendreher, nach Belieben
BBQ-Guru (siehe Seite 13)

*Zubereitung*
Vorbereitungszeit: ½ Stunde
Zubereitungszeit: 8 Stunden

Den Grill fürs indirekte Grillen vorbereiten und auf eine Temperatur von etwa 115 °C erhitzen.

Auf der Knochenseite der Shortribs sitzt die zähe Silberhaut. Mit dem Kreuzschraubendreher zwischen Knochen und Silberhaut stechen und mit rüttelnden Bewegungen die ganze Haut von den Knochen ziehen. Die eventuell noch an der Fleischseite haftenden Fett- oder Hautstücke mit einem kleinen Messer entfernen, sodass nur das schöne Fleisch übrig bleibt. Für den Dalmatian Rub das Meersalz und den schwarzen Pfeffer mischen und damit die Shortribs großzügig bestreuen. Keine Angst vor der großen Menge Pfeffer – durch die lange Garzeit wird der starke Pfeffergeschmack abgemildert.

Die Hickory-Chunks zwischen den glühenden Kohlen verteilen und die gewürzten Shortribs mit der Knochenseite auf den Grillrost legen. Den Deckel schließen. Den Grill in den nächsten 6–8 Stunden auf einer konstanten Temperatur von 115 °C halten (eventuell mit dem BBQ-Guru kontrollieren). Die Shortribs nicht in Aluminiumfolie einwickeln, damit sie am Ende der Garzeit nicht zu weich werden. Das Fleisch soll noch einen leichten Biss haben und der ist bei einer Kerntemperatur von 92 °C am besten.

Eventuell die Shortribs nach 4 Stunden in Butcher-Paper einwickeln. Dieses fettfreie Papier ist teilweise wärme- und feuchtigkeitsdurchlässig. So wird der Garprozess beschleunigt, ohne die Fleischstruktur zu stark zu beeinflussen. Texanische Pitmaster, wie Aaron Franklin, schwören auf das sogenannte Butcher-Paper.

BLACK'S
BARBECUE
Pick your
ANY COMBINATION!
BRISKET Beef
"LEAN" OR
"WITH SOME FAT"
BLACKS
"HOMEMADE"
SAUSAGE
ORIGINAL - SINCE 1932
GARLIC Sausage
JALAPENO & CHEESE
Limited time
Kol Beer Sausage
Brewed in Austin -
Try One Today
RIBS
PORK SPARE RIBS
BaBy BacK Ribs
GIANT BEEF RIBS
1-2 lbs. each
We also ship
Nation wide!

ORDER
SANDWICHES
HERE
creekpromotions.com
Lay's
Barbecue
Fritos
The ORIGINAL
Lay's
Sour Cream
& Onion
Jalapeño
POTATO CHIPS

# PULLED BEEF À LA BORDELAISE

**BORDELAISE IST EIN VERWEIS AUF DIE FRANZÖSISCHE STADT BORDEAUX UND IHR UMLAND. DORT IST EINE SAUCE AUS ROTWEIN UND RINDERMARK SEHR BELIEBT. BEI SMOKEY GOODNESS HABEN WIR FÜR VISION, DEM BELGISCHEN FOOD-EVENT, AUS DIESEM ELEGANTEN FRANZÖSISCHEN GERICHT EINE ETWAS RAUE BBQ-VARIANTE KREIERT. DAS RAUCHIGE PULLED BEEF IN VERBINDUNG MIT EINER DICKSÄMIGEN SAUCE AUS ROTWEIN, „BOLD & BEEFY"-BBQ-SAUCE UND RINDERMARK IST EIN GENUSS FÜR JEDEN, DER EINEN VOLLEN GESCHMACK LIEBT. PULLED BEEF BRAUCHT EINE NIEDRIGE GARTEMPERATUR UND GANZ VIEL GEDULD – DOCH DIE WARTEZEIT WIRD REICH BELOHNT.**

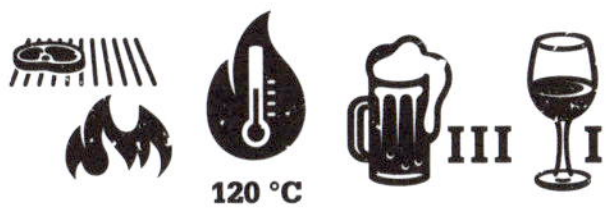


*Zutaten (für ca. 4 kg)*
5 kg Rindernacken (Chuck Roll) von einer fetten Rinderrasse
80 g Smokey's Beef-Rub (siehe Seite 27)
100 ml Rinderfond
2 EL flüssige Margarine
4–6 EL schwarzer Pfeffer, frisch zerstoßen (z. B. Lampong-Pfeffer von Verstegen),
Meersalz

## FÜR SMOKEY'S SAUCE BORDELAISE:

½ l Rotwein (Bordeaux)
400 ml „Bold & Beefy"-BBQ-Sauce (siehe Seite 29)
100 ml Demi-glace (reduzierter Rinderfond, in Feinkostläden erhältlich, Reste in Eiswürfelförmchen einfrieren)
150 g Rindermark

*Außerdem:*
großer Grill oder Smoker zum indirekten Grillen
große Aluminiumtropfschale
Aluminiumfolie
Kernthermometer
3 Hickory-Chunks
Butcher-Paper, oder fettfreies Backpapier
BBQ-Guru (siehe Seite 13)

*Zubereitung*
Vorbereitungszeit: 1½ Stunden
Zubereitungszeit: 8 Stunden

Die Hickory-Chunks in einer Schüssel mit Wasser einweichen. Den Grill fürs indirekte Grillen vorbereiten und auf eine Temperatur von etwa 120 °C erhitzen. Falls vorhanden, das harte Fett an der Außenseite des Fleisches mit einem kleinen Messer entfernen. Den Rindernacken rundherum gleichmäßig mit Smokey's Beef-Rub würzen. Das gewässerte Holz auf den glühenden Kohlen verteilen. Den gewürzten Rindernacken auf den Grillrost legen. Den Deckel des Grills schließen und den Rindernacken 3 Stunden bei 120 °C smoken. Anschließend das Fleisch in eine Aluminiumtropfschale legen, mit dem Rinderfond und der flüssigen Margarine übergießen und die Schale mit Aluminiumfolie verschließen. Noch weitere 5 Stunden garen, bis das Fleisch eine Kerntemperatur von 80 °C erreicht hat.

Für Smokey's Sauce bordelaise in einem Topf den Rotwein auf 100 ml reduzieren. Die „Bold & Beefy"-BBQ-Sauce und die Demi-glace zufügen und unter Rühren bei geringer Temperatur auf 90 °C erhitzen. Das Mark in die warme Sauce bröseln und mindestens 5 Minuten erhitzen, bis es geschmolzen ist. Die Hitze reduzieren und die Sauce warm stellen.

Die Schale mit dem Rindernacken vom Grill nehmen, sobald das Fleisch eine Kerntemperatur von 80 °C erreicht hat. Die Folie ein wenig öffnen, damit der Dampf entweichen kann. Etwa 15 Minuten ruhen lassen. Den Rindernacken mit zwei Gabeln in feine Fasern zupfen (pullen). Die Fleischfasern mit der warmen Sauce mischen und nach Belieben mit Meersalz und zerstoßenem Pfeffer würzen. Keine Angst vor der großen Pfeffermenge; dieses Gericht verträgt den Pfeffer. Das Pulled Beef à la Bordelaise schmeckt wunderbar als Wintergericht mit Kartoffelpüree oder als Füllung in Brötchen und Wraps. Reste vom Pulled Beef halten sich 3 Tage im Kühlschrank und 3 Monate im Tiefkühlfach.

# GEGRILLTES CÔTE DE BOEUF

## MIT CHILI-BLAUSCHIMMELKÄSE-TOPPING

**DAS CÔTE DE BŒUF IST DER KÖNIG UNTER DEN STEAKS. DAS DICK ZUGESCHNITTENE FLEISCH (HOCHRIPPE) AM KNOCHEN IST EIN WAHRER GAUMENSCHMAUS FÜR JEDEN FLEISCHLIEBHABER, DER SICH SELBST KULINARISCH VERWÖHNEN MÖCHTE. WÄHLEN SIE FLEISCH VON EINER GUTEN RASSE, WIE DEM ABERDEEN-ANGUS-RIND, DAS MINDESTENS 21 TAGE IN EINER TROCKENKAMMER (DRY-AGING) GEREIFT IST. HIER ENTWICKELN SICH BEISPIELLOSE AROMEN. SO EIN KÖSTLICHES STÜCK FLEISCH BRAUCHT KEINE KOMPLEXEN RUBS UND KRÄUTERMISCHUNGEN. SALZ, PFEFFER UND HOLZFEUER REICHEN FÜR DIE ZUBEREITUNG DES PERFEKTEN STEAKS VÖLLIG AUS. GENIESSEN SIE ES MIT EINEM KRÄFTIGEN ROTWEIN.**

*Zutaten (für 4 Personen)*
2 dry aged Côte-de-Bœuf-Steaks à 600 g
2 EL Olivenöl
1 frische Knoblauchknolle
grobes Meersalz
schwarzer Pfeffer, frisch gemahlen

### FÜR DAS CHILI-BLAUSCHIMMEL-KÄSE-TOPPING:

3 frische Jalapeño-Chilischoten, fein gehackt und mit Kernen
1 Schalotte, geschält und fein gehackt
1 TL Petersilie, fein gehackt
1 EL Weißweinessig
125 g Blauschimmelkäse, z. B. Danish Blue oder Roquefort, zerkrümelt
100 g Frischrahmkäse
grobes Meersalz
schwarzer Pfeffer, frisch gemahlen

*Außerdem:*
Grill mit gusseisernem Grillrost
Aluminiumfolie
gusseiserne Grillpfanne
Küchengarn
Kernthermometer

*Zubereitung*
Vorbereitungszeit: 1 Stunde
Zubereitungszeit: ½ Stunde

Die Steaks mit dem Küchengarn schön rund zusammenbinden. Dazu am besten das Steak flach auf das Schneidebrett legen und das Küchengarn zur Schlaufe um das Fleisch legen. Das Garn festziehen und verknoten. Die Steaks mit 1 EL Olivenöl beträufeln und großzügig mit Salz und Pfeffer würzen. Die zusammengebundenen Steaks nun ½ Stunde bei Zimmertemperatur ruhen lassen. In der Zwischenzeit den Smoker/Grill fürs direkte Grillen vorbereiten und erhitzen. Dabei zwei Temperaturbereiche einrichten: eine sehr heiße Zone zum Anbraten (350 °C) und eine mäßig heiße Zone zum Fertiggaren (160 °C).

Mit einem scharfen Messer die Spitzen der Zehen (etwa 1 cm) abschneiden, die Knolle dann mit Olivenöl beträufeln, mit Salz und Pfeffer würzen und in Aluminiumfolie wickeln. Die eingewickelte Knoblauchknolle in die heiße Zone des Grills legen und rösten. Sie ist fertig, wenn sie sich auf Druck weich anfühlt. Vom Grillrost nehmen und beiseitelegen.

Die Steaks in den sehr heißen Bereich des Grills legen und dort liegen lassen, bis die Unterseiten jeweils ein schönes Branding haben und sich das Fleisch problemlos vom Rost lösen lässt. Die Steaks um 90 Grad drehen und weitere 3 Minuten grillen. Die Steaks wenden und weitere 3 Minuten grillen. In der Zwischenzeit den gerösteten Knoblauch aus der Folie nehmen und mit leichtem Druck über die Steaks reiben, damit sie das Knoblaucharoma annehmen. Die Steaks anschließend in die mäßig heiße Zone des Grills schieben und weitergaren, bis sie ausreichend gegart sind (Kerntemperatur für rare: 50 °C; medium rare: 54 °C; medium: 60 °C; länger wollen Sie das Fleisch gar nicht grillen, glauben Sie mir). Die Steaks auf ein Schneidebrett legen, locker mit Aluminiumfolie abdecken und kurz ruhen lassen. In einer Grillpfanne 1 EL Olivenöl erhitzen und die gehackten Chilis, die Schalotte und die Petersilie anschwitzen. Sobald die Schalotte und die Chilis weich werden, mit dem Weißweinessig ablöschen und den Frischrahmkäse und den zerkrümelten Blauschimmelkäse einrühren. Nach Geschmack mit Salz und Pfeffer würzen und das Topping zum gegrillten Côte de Bœuf servieren. Selbst gemachte Pommes frites und ein Gläschen kräftiger Rotwein passen herrlich dazu.

# BAVETTE GORDITAS

## MIT CHIPOTLE-HOLLANDAISE

**„GORDITA“ BEZEICHNET IM MEXIKANISCHEN STRASSENSLANG EIN „MOLLIGES MÄDCHEN“ UND DIESE KLEINE WEICHE TORTILLA HAT IHREN NAMEN VERMUTLICH DAHER BEKOMMEN. BEI SMOKEY GOODNESS SIND WIR VERRÜCKT NACH DEM GESCHMACK VON CHIPOTLES, DEN GERÄUCHERTEN UND GETROCKNETEN JALAPEÑOS.**

*Zutaten (für 4 Personen)*

### FÜR DIE MARINADE:

1 Limette, Saft
2 EL Olivenöl
1 Knoblauchzehe, geschält und sehr fein gehackt
½ TL Kreuzkümmel, gemahlen
10 Stängel Koriander, sehr fein gehackt
grobes Meersalz und schwarzer Pfeffer, frisch gemahlen

600 g Bavette (Flank Steak)

### FÜR DIE CHIPOTLE-HOLLANDAISE:

150 g Ghee (geklärte Butter)
½ TL Chipotle-Flocken (im Internet oder im gut sortierten Supermarkt erhältlich)
1 TL Pfefferkörner
3 EL Weißweinessig
2 EL Wasser
¼ TL Salz
4 Eigelb
1 Limette, Saft
¼ TL geräuchertes Paprikapulver
3 Stängel Koriander, sehr fein gehackt
Meersalz und schwarzer Pfeffer, frisch gemahlen

8 Gorditas (Teigfladen aus Maismehl)
250 g eingelegte rote Zwiebel (siehe Seite 30)
100 g Feldsalat
Nachos (nach Belieben)

*Außerdem:*
Grill mit gusseisernem Grillrost
Kaffeemühle oder Mörser
Kernthermometer

*Zubereitung*
Vorbereitungszeit: 1½ Stunden
Zubereitungszeit: ½ Stunde

Für die Marinade alle Zutaten verrühren. Das Fleisch quer zur Faser in 4 cm dicke Scheiben schneiden und 1 Stunde bei Zimmertemperatur in der Marinade ziehen lassen.

Den Grill fürs direkte Grillen vorbereiten und auf eine Temperatur von 220 °C erhitzen. Für die Chipotle-Hollandaise die geklärte Butter bei geringer Temperatur in einem Topf zerlassen und dann beiseitestellen. Inzwischen die Chipotle-Flocken in der Kaffeemühle bzw. im Mörser zu einem feinen Pulver zermahlen. Die Pfefferkörner mit dem Messer zerstoßen und zusammen mit dem Weißweinessig, dem Wasser und dem Salz in einem zweiten Topf zum Kochen bringen. Auf ein Drittel einkochen, durch ein Sieb seihen und etwas abkühlen lassen. Die Eigelbe und die abgeseihte Essigmischung in eine Edelstahlschüssel geben und mit einem Schneebesen verquirlen. Die Schüssel auf einen Topf mit kochendem Wasser setzen und die Eigelb-Essig-Mischung zu einer dicksämigen Sauce schlagen. Die Schüssel vom Topf nehmen und auf die Arbeitsfläche stellen. Tröpfchenweise die lauwarme geklärte Butter unter die Sauce heben. Den Limettensaft, den Koriander, das Chipotle-Pulver und das geräucherte Paprikapulver zufügen und die Sauce mit Salz und Pfeffer abschmecken. Die Sauce in einer Schüssel warm halten, während das Fleisch gegrillt wird.

Das marinierte Fleisch kurz auf dem Grill grillen, bis es eine Kerntemperatur von 54 °C erreicht hat und rosa gebraten (medium rare) ist. Die Steaks quer zur Faser in dünne Scheiben schneiden und die Scheiben mit den erwärmten Gorditas, der eingelegten roten Zwiebel, dem Feldsalat, der Chipotle-Hollandaise und den Nachos servieren.

TAMAHAGANE

# PICANHA CHURRASCO-STYLE

**WAS IST IHR LIEBLINGSSTEAK? DIESE FRAGE WIRD MIR HÄUFIG GESTELLT UND DIE ANTWORT IST IMMER DIESELBE: PICANHA! DIESES STÜCK RINDFLEISCH IST DAS BELIEBTESTE IN BRASILIEN, WO ES IN JEDER CHURRASCARIA (GRILLRESTAURANT) AUF DER KARTE STEHT. DIESES GÖTTLICHE RINDFLEISCHSTÜCK, IN DEN NIEDERLANDEN AUCH ALS SCHWANZSTÜCK VOM RIND BEKANNT, BESITZT ALLE EIGENSCHAFTEN, DIE EINEN HERRLICHEN STEAK-GENUSS AUSMACHEN. EINE SCHÖNE FETTSCHICHT AN DER AUSSENSEITE, DIE BEIM GAREN IN DAS FLEISCH SCHMILZT, UND EIN SCHÖN GEMASERTES FLEISCH AN DER INNENSEITE. DAS FLEISCH WIRD IN DICKEN SCHEIBEN AM SPIESS GEGART UND MIT EINER SELBST GEMACHTEN CHIMICHURRI-SAUCE SERVIERT – ECHTES CHURRASCARIA-FLAIR IST GARANTIERT!**

*Zutaten (für 4–5 Personen)*

1 Picanha-Steak, ca. 1,4 kg (möglichst von einer guten Rasse wie *Aberdeen Angus* oder *Limousin*)
1 Knoblauchknolle, quer halbiert
200 ml Chimichurri (siehe Seite 30)
1½ EL grobes Meersalz und schwarzer Pfeffer, frisch gemahlen

*Außerdem:*

2 große BBQ- oder Kebabspieße
Grill zum direkten Grillen mit 2 Temperaturzonen

*Zubereitung*

Vorbereitungszeit: 1 Stunde
Zubereitungszeit: etwa ½ Stunde

Den Grill fürs direkte Grillen vorbereiten und erhitzen. Dabei mit zwei Temperaturzonen arbeiten: eine glühend heiße zum Anbraten (350 °C) und eine mäßig heiße zum Fertiggaren (160 °C).

Das Picanha-Steak in 5 cm dicke Streifen schneiden. Diese rundherum mit der halbierten Knoblauchknolle einreiben. Die Picanha-Streifen zusammenklappen, sodass die Fettschicht wie ein Bogen an der Außenseite liegt, und auf einen großen BBQ- oder Kebabspieß stecken. Die Picanha-Spieße großzügig mit grobem Meersalz bestreuen und über die sehr heiße Zone des Grills legen. Die Spieße grillen, dabei ständig drehen, bis das Fett zu schmelzen beginnt und das Fleisch eine schöne Farbe bekommt. In der mäßig heißen Zone des Grills weitergaren, bis es eine Kerntemperatur von 54 °C erreicht hat. Die Picanha-Spieße kurz ruhen lassen, mit Pfeffer würzen und noch am Spieß in feine Scheiben schneiden – das sorgt für das echte brasilianische Churrasco-Feeling. Das Fleisch mit Chimichurri zu einem lateinamerikanischen Menü mit Röstgemüse und Fajitas oder Maispolenta servieren.

# TOMAHAWK STEAKS
## CAVEMAN-STYLE

**DIESES EINFACHE REZEPT SPRICHT IHRE URINSTINKTE AN. EIN KRÄFTIGES RIBEYE AN EINEM LANGEN KNOCHEN, DAS OHNE GRILLROST DIREKT AUF DER GLUT ZUBEREITET WIRD. PRIMITIVER KANN KOCHEN NICHT SEIN. DA OHNE KRÄUTER UND GEWÜRZE GEARBEITET WIRD, IST DIE AUSWAHL EINES GUTEN STEAKS EIN ABSOLUTES MUSS. FRAGEN SIE IHREN METZGER NACH DEM BESTEN STÜCK, WERFEN SIE DEN GRILLROST INS GRAS UND FEUERN SIE DRAUFLOS. DA KNURRT DER MAGEN.**

*Zutaten (für 4 Personen)*
2 Tomahawk-Steaks (mit Knochen aus einem Roastbeef geschnitten), à 800–1000 g
30 g Butter
grobes Meersalz
schwarzer Pfeffer, frisch gemahlen

*Außerdem:*
Grill ohne Grillrost oder Lagerfeuer, mit Holzkohle aus Hartholz
Kernthermometer
Pinsel

*Zubereitung*
Vorbereitungszeit: ½ Stunde
Zubereitungszeit: 20 Minuten

Die Steaks mit grobem Meersalz bestreuen. Während das Feuer vorbereitet wird, das Fleisch auf Zimmertemperatur bringen. Für das Feuer sollte Holzkohle aus Hartholz verwendet werden. Da das Fleisch direkt auf der Glut gegart wird, sollte das Feuer nicht zu viel Asche haben; deshalb Briketts meiden. Sobald die Kohlen schön glühen, einmal darüber fächern, um die lose weiße Asche zu entfernen. Die Tomahawks direkt auf die heißeste Stelle der Holzkohle legen. Mindestens 5 Minuten liegen lassen und dann wenden. Die genaue Garzeit ist von der Steakdicke abhängig. Darum empfiehlt es sich, ein Kernthermometer zu verwenden. Das Steak grillen, bis es die gewünschte Kerntemperatur erreicht hat: rare 50 °C, medium rare 54 °C, medium 60 °C. Länger wollen Sie es nicht garen, doch darüber hatten wir bereits gesprochen.

Die Steaks von der Glut nehmen. Mit dem Pinsel die Kohle und Aschereste entfernen, die eventuell am Fleisch kleben geblieben sind. Mit dem schwarzen Pfeffer würzen und die Butter auf den Steaks zerlassen. Zu den Steaks die Lieblings-Steaksauce, einen knackigen Salat und selbst gemachte Pommes frites servieren.

*Tipp:* Die Steaks niemals vor dem Grillen mit Pfeffer würzen. Durch die starke Hitze kann der Pfeffer verbrennen und einen bitteren Geschmack erzeugen.

# CHILI CON BBQ

**HIER KOMBINIEREN WIR LANGSAM GEGARTES BBQ-FLEISCH MIT EINEM KLASSIKER AUS DER TEX-MEX-KÜCHE: CHILI. DAS CHILI WIRD IM DUTCH OVEN – EINEM GUSSEISERNEN TOPF, DER BEREITS VON DEN COWBOYS IN IHREN FELDKÜCHEN GENUTZT WURDE –, AUF DEM GRILLROST ODER AM DREIBEIN ÜBER DEM FEUER HÄNGEND ZUBEREITET. LASSEN SIE SICH NICHT VON DEN VIELEN ZUTATEN ABSCHRECKEN, DENN DAS CHILI CON BBQ IST IM HANDUMDREHEN GEMACHT. EIN LECKERES GERICHT UM RESTE VOM LETZTEN BBQ ZU VERWERTEN.**

*Zutaten (für 4 Personen)*
2 EL Olivenöl
1 grüne Paprikaschote, geputzt und klein gewürfelt
1 große Zwiebel, geschält und klein geschnitten
2 Knoblauchzehen, geschält und klein gehackt
2 frische grüne Jalapeño-Chilischoten, klein geschnitten
1 frisches Lorbeerblatt
4 Stängel Petersilie, fein gehackt
6 Stängel Koriander, fein gehackt
¼ TL Chilipulver
1 Msp. Cayennepfeffer
¼ TL Kreuzkümmel, gemahlen
2 EL brauner Zucker
1 EL Tomatenmark
400 g geschälte Tomaten (aus der Dose)
200 ml Tomatensaft
200 ml Demi-glace (reduzierter Rinderfond, in Feinkostläden erhältlich, Reste in Eiswürfelförmchen einfrieren)
50 g dunkle Schokolade
250 g schwarze Bohnen (aus der Dose), abgespült
Tabasco Chipotle (nach Belieben)
Salz und schwarzer Pfeffer, frisch gemahlen

## BBQ-FLEISCH:
250 g Pulled Pork (siehe Seite 136)
250 g Beef: klein geschnittenes, gegartes Brisket (siehe Seite 94) oder Pulled Beef (siehe Seite 107)

## FÜR DIE GARNITUR:
1 Becher saure Sahne
1 reife Avocado, in Würfel geschnitten
geraspelter Hartkäse, z. B. Cheddar
frischer Koriander, grob zerpflückt
Nachos oder deftiges Bauernbrot

*Außerdem:*
Dutch Oven (gusseiserner Topf mit Deckel)

*Zubereitung*
Vorbereitungszeit: ½ Stunde
Zubereitungszeit: 1 Stunde

Den Dutch Oven entweder auf den Grillrost des heißen Grills stellen, über einem Kohlebett am Boden platzieren oder an ein Dreibein über das Lagerfeuer hängen. Das Olivenöl im Topf erhitzen, bis es leicht anfängt zu rauchen. Dann die Paprika, die Zwiebel, den Knoblauch, die Jalapeños und das Lorbeerblatt zugeben. Das Gemüse garen, bis es weich ist und dabei immer wieder umrühren. Die Petersilie, den Koriander, das Chilipulver, den Cayennepfeffer, den Kreuzkümmel und den Zucker hinzufügen und alles gut durchrühren. Das Tomatenmark untermischen und kurz anbraten, damit es seine Säure verliert. Die Tomaten, den Tomatensaft, die Demi-glace, die Schokolade, die schwarzen Bohnen und das BBQ-Fleisch zugeben. Eventuell mit Salz, Pfeffer und 1 Schuss Tabasco würzen. Alles gut umrühren und mindestens 1½ Stunden im Topf brutzeln lassen, bis alle Aromen gut durchgezogen sind.

Das Chili con BBQ in einem Becher oder in einer tiefen Schüssel servieren und mit einem Klecks saurer Sahne, Avocadowürfeln, Hartkäse und frischen Korianderblättern garnieren. Dazu Nachos oder Bauernbrot reichen.

# PITMASTER

# PITMASTER

**IN DER AMERIKANISCHEN BBQ-SZENE SIND DIE PITMASTER DIE HERRSCHER ÜBER FEUER UND FLEISCH. ES IST DIE KOMBINATION AUS GROSSEM WISSEN ÜBER FLEISCH UND DER FERTIGKEIT, DAS FEUER OPTIMAL ZU KONTROLLIEREN, SODASS SIE IMMER UND IMMER WIEDER BBQ-GERICHTE VON GLEICHBLEIBENDER QUALITÄT SERVIEREN KÖNNEN. PITMASTER SIND EINE KLASSE FÜR SICH: SIE MACHEN SICH NICHTS AUS FRÜHEM AUFSTEHEN UND SCHLECHTEM WETTER UND NEHMEN SICH SELBST NICHT SO WICHTIG BEI IHREM STREBEN NACH PERFEKTION. „WIE LANGE BRAUCHT MAN, UM EIN ECHTER PITMASTER ZU WERDEN?", WURDE DIE AMERIKANISCHE BBQ-LEGENDE SAM JONES VOM SKYLIGHT INN RESTAURANT EINMAL GEFRAGT. „EIN GANZEN LEBEN LANG", WAR SEINE ANTWORT UND DA STIMME ICH IHM VOLL UND GANZ ZU.**

## Ein echter Knochenjob

Einen Pitmaster kann man vielleicht mit einem Chefkoch vergleichen. Er schwingt das Zepter in dem Bereich des Restaurants, in dem das Essen zubereitet wird, doch da hören die Gemeinsamkeiten auch schon auf. Denn während ein Chefkoch häufig erst dann mit seiner Arbeit startet, wenn der Tag schon lange begonnen hat, arbeiten Pitmaster nächtelang durch, um ihr Feuer im Smoker zu hegen und zu pflegen. In North und South Carolina stellen sie beispielsweise ihre eigene Holzkohle her. Holzstücke werden in Brennfässern so lange verbrannt, bis die Kohle unten herausfällt. Dann schaufeln sie die Holzkohle stundenlang unter ganze Ferkel, bis diese, sechzehn Stunden später, perfekt gegart sind. Das ist im Prinzip eine doppelte Arbeitsschicht, und zwar an jedem Arbeitstag. In Texas beginnt die Schicht um zwei Uhr nachts, um die Briskets für das Mittagessen am folgenden Tag perfekt zuzuschneiden. Oftmals sind die Arbeitsbedingungen miserabel. Die Raumtemperatur kann im Sommer schon mal auf 60 °C steigen und die Luft kann man durch den Rauch förmlich schneiden. Also nicht wirklich der ideale Ort, um 80 kg schwere Ferkel zu schleppen. Was treibt diese Menschen also an? Häufig ist diese Lebensweise von Generation zu Generation weitergegeben worden, so wie bei Sam Jones vom BBQ-Restaurant *Skylight* in North Carolina, der dort bereits in siebter Generation das Zepter schwingt. Im Laufe der Jahre hat sich im Restaurant kaum etwas verändert. Die neusten technischen Entwicklungen brauchen sie hier nicht. Warum etwas verändern, wenn es schon hundert Jahre gut läuft? Es stört sie nicht, dass die Technik dafür sorgen könnte, nachts durchzuschlafen und bei normalen Temperaturen zu arbeiten, ohne den ganzen Tag dicken Rauch einzuatmen. „Dann darf man eben nicht Pitmaster werden", sagen sie mit einem breiten Grinsen im Gesicht.

## Die Tradition des Pitmasters

Heute steht das Handwerkliche stärker im Mittelpunkt. In der ganzen Welt sind Metzger, Chefköche und immer häufiger auch Pitmaster zu den neuen Rockstars der heutigen Generation aufgestiegen. Dass das nicht immer so war, lässt sich an der Geschichte des Barbecues unschwer erkennen. Barbecue kennt zahlreiche Varianten, aber fest steht, dass das Ansehen, das Pitmaster heute genießen, vor einigen Jahrzehnten völlig undenkbar gewesen wäre. Die schwere Arbeit unter erbärmlichen Umständen geschah hinter verschlossenen Türen und war wenig angesehen. Die Arbeit des Pitmasters hat ihren Ursprung in den amerikanischen Südstaaten und lässt sich bis zu den Tagen der Sklaverei auf den dortigen Tabakplantagen zurückverfolgen. Dort gab es eine sehr kurze Phase im Jahr, in der sämtliche Tabakblätter gepflückt und am Feuer getrocknet werden mussten. Reichlich vorhandene Kohlen vom Feuer und eine große Arbeiterschar waren quasi der Anfang des heutigen Barbecues. Es wurden Gruben (Pits) ausgehoben und der älteste Sklave wurde oftmals als Verantwortlicher (Master) bestimmt, der das Braten ganzer Schweine kontrollierte, mit denen große Gruppen schnell und einfach mit einer nahrhaften Mahlzeit versorgt werden konnten. Mit der Abschaffung der Sklaverei verschwand auch dieses Ritual, doch die Methode des langsamen Garens über Holzfeuer wurde von den amerikanischen BBQ-Restaurants adaptiert. Im Osten der USA ersetzte man die Erdgruben durch gemauerte Ziegelsteingruben, während in Texas große Stahltonnen Verwendung fanden, die es durch die dortige Ölindustrie zuhauf gab.

Die Pitmaster, die in die Fußstapfen ihrer Eltern traten, haben deren ursprünglichen Stil ohne weitere technische Entwicklungen übernommen und halten noch immer daran fest. Sogar als der mehr als hundert Jahre alte *Kreutz Market* in Lockhart, Texas, 1999 an einen neuen Standort zog, wurden dieselben Pits, mit denen sie jahrelang gearbeitet hatten, auch dort wieder aufgebaut. „Never change a winning number", so das vorherrschende Motto.

## New Generation

Das zunehmende Interesse an handwerklicher Arbeit hat eine neue Generation von Pitmastern hervorgebracht. Junge Erwachsene, die nicht aus einer alteingesessenen Familie von BBQ-Unternehmern abstammen, entscheiden sich freiwillig dafür, den Büroalltag gegen eine unsichere Zukunft mit Feuer, Rauch und Fleisch einzutauschen. Der bekannteste Pitmaster dieser Generation ist zweifelsohne Aaron Franklin, der derzeit mit seinem Restaurant *Franklin Barbecue* in Austin, Texas, zur absoluten BBQ-Spitze zählt. Für diese Position hat er jahrelang schwer geschuftet und jeden gesparten Cent wieder ins Unternehmen gesteckt. Mit dem Ergebnis, dass heute lange Schlangen vor seiner Tür warten, um seine BBQ-Gerichte zu genießen. Diese werden allesamt im Smoker zubereitet. Sein schnell wachsender Ruhm hat auch andere inspiriert, qualitativ hochwertige BBQ-Restaurants zu eröffnen, bei denen eine neue Generation von Pitmastern das Ruder übernommen hat. Einige, so wie Aaron, entscheiden sich für die traditionelle Methode, doch andere setzen auf automatische Gargeräte mit Temperaturreglern und rotierenden Grillrosten. Nachdem ich BBQ-Gerichte von diesen young guns, darunter die leidenschaftlichen Jungs von *City Butcher and Barbecue* in Springfield, Missouri, probiert habe, muss ich ehrlich zugeben, dass das Resultat wirklich hervorragend ist.

## Die europäischen Erben

Auch in Europa finden sich immer mehr Pitmaster. Bei *Smoky Goodness* hat Roland Bijkerk diese besonders wichtige Position inne. Roland reagierte auf einen Aufruf via Facebook, in dem wir für ein Wochenende Aushilfskräfte für unser Catering suchten, nachdem unser Praktikant sich verletzt hatte. Er sprang ins Auto und fuhr sechs Stunden, nur um uns für drei Tage zu unterstützen, und ist dann für immer geblieben. Roland steht auf großen Festivals an unserem mit Holz befeuerten Smoker und beaufsichtigt die enorme Arbeit, die bei einem Barbecue für 55.000 begeisterte Festivalbesucher ansteht. Genau wie seine amerikanischen Kollegen trotzt er zusammen mit seinem Team dem niederländischen Klima und den Nachtstunden. Er ist derjenige, der neben dem Spalten von Holz, Schleppen des Fleisches und der Kontrolle der Qualität darauf achtet, dass der inzwischen etablierte Smokey-Standard eingehalten wird: exzellentes Barbecue, nach dem man sich die Finger leckt. Da Roland mit den Grills und dem 7 x 11 Meter langen Smoker arbeitet, hat er intuitives Arbeiten erlernt. Beim Blick auf den Kamin, einer Hand über dem Grillrost, einem schnellen Blick in den Garraum und einem kurzen Naseschnuppern weiß er genau, wie das Feuer brennt, wie weit das Fleisch gegart ist und wie lange es noch dauert, bis er seine Gäste mit den Gerichten erfreuen kann.

# DAS BESTE VOM SCHWEIN

# DAS BESTE VOM SCHWEIN

**SCHWEINEFLEISCH UND BARBECUE GEHEN EINE HIMMLISCHE LIAISON EIN. NICHTS EIGNET SICH BESSER FÜR DIE LANGSAME ZUBEREITUNG IM SMOKER ALS SCHWEINEFLEISCH. NICHT UMSONST GIBT ES IN GROSSEN TEILEN AMERIKAS UND OSTEUROPAS ZAHLREICHE REGIONEN, DIE SICH DIESER SPEZIALITÄT VERSCHRIEBEN HABEN. OB SIE NUN EINE SCHULTER IM SMOKER ODER EIN GANZES SCHWEIN AM SPIESS ÜBER DEM FEUER GAREN – DAS ERGEBNIS IST IMMER PERFEKT, WENN SIE SICH AUSREICHEND ZEIT DAFÜR NEHMEN. DURCH DIE LANGSAME ZUBEREITUNG BEI EINER NIEDRIGEN TEMPERATUR – DAS LOW-AND-SLOW-PRINZIP – WANDELN SICH SEHNEN UND BINDEGEWEBE IN GELATINE UND SÄFTE UM, WODURCH DAS FLEISCH SO SAFTIG WIRD. SAFTIGES, ZARTES FLEISCH MIT EINER WÜRZIGEN KRUSTE, DIE SICH BEI DER ZUBEREITUNG MIT RÄUCHERHOLZ AN DER AUSSENSEITE BILDET, IST DAS LECKERSTE, WAS MAN MIT EINEM GRILL ODER SMOKER ZAUBERN KANN.**

Unter allen Fleischsorten, die wir für unser Catering zubereiten, spielt Schweinefleisch die größte Rolle. Die enorme Popularität von Pulled Pork und die Begeisterung für unsere Festival-Spareribs haben ganz sicher ihren Anteil daran. Unabhängig von der Größe des Festivals bereiten wir Pulled Pork und Spareribs möglichst frisch vor Ort zu. In unseren Smokern legen wir am laufenden Band Boston Butts der *Heyde-Hoeve*-Schweine nach. Die Fleischstücke werden in 16 Stunden gesmokt und können dann mit einer Zange einfach auseinandergezupft werden.

Auch für Hunderte Kilo Spareribs verwenden wir keine Short Cuts. Jede Rippenleiter wird von Hand von der Silberhaut befreit, gewürzt, gegart, eingesprüht, eingewickelt, ausgewickelt, bestrichen und serviert. Und das alles auf einem Riesen-Smoker, der zu 100 Prozent mit Holz befeuert wird. Warum die ganze Mühe? Weil man von den vielen Ahs und Ohs, die wir hören, wenn Festivalbesucher in unsere Smoker mit glänzendem BBQ-Fleisch schauen, niemals genug bekommen kann. Außerdem geht doch nichts über das Gesicht eines Besuchers, der gerade ein Stück authentisch zubereitetes BBQ-Fleisch verspeist. Diese Erfahrung wirkt lange nach.

Unsere eigenen Rezepte, die wir über die Jahre perfektioniert haben, finden Sie in diesem Kapitel. Von den Festivalklassikern wie selbst gemachter Bacon bis zu dem überraschend erfrischenden kubanischen Gericht Lechon Asado.

GOODNESS
HOG
GRAND

# WÜRZIGER AHORN-BACON

**GRILLER LIEBEN BACON. SIE STEHEN MORGENS DAMIT AUF UND GEHEN ABENDS DAMIT INS BETT. SIE WICKELN ALLES IN DIESE DÜNNEN GERÄUCHERTEN SCHWEINEBAUCHSTREIFEN – UM ALLES GUT ZUSAMMENZUHALTEN, UM FÜR EINE SCHÖNE SALZIGE KRUSTE ZU SORGEN, UM IHN KNUSPRIG ANZUBRATEN ODER UM IHN ALS BEILAGE ZUM FRÜHSTÜCKSEI ZU SERVIEREN. KURZUM, ES KANN GAR NICHT GENUG BACON GEBEN! ALSO GRÜNDE SATT, UM DIESE HERRLICHE KOMBINATION AUS SCHWEINEBAUCH, AHORNSIRUP UND WÜRZIGEM RUM UNBEDINGT AUF IHRE TO-DO-LISTE ZU SETZEN.**

*Zutaten (für ca. 2 kg)*

## FÜR DIE PÖKELLAKE:

150 g Zucker
5 EL Ahornsirup
5 EL Rum, vorzugsweise *Captain Morgan Spiced Rum*
4 EL grobes Meersalz
2 EL rosafarbenes Salz
2 TL schwarzer Pfeffer, grob gemahlen

2¼ –2½ kg Schweinebauch, ohne Knochen und ohne Schwarte, von einer guten Rasse (z. B. *Heyde-Hoeve*-Schwein, *Duroc* oder *Livar*)

*Außerdem:*
große wiederverschließbare Gefrierbeutel 30 x 40 cm, z. B. Ziploc-Beutel
Fleischhaken
Kernthermometer
1 Handvoll Apfelholz-Räucherchips
Grill zum indirekten Grillen

*Zubereitung*
Vorbereitungszeit: 1 Stunde
Pökel- und Trockenzeit: 9 Tage
Zubereitungszeit: etwa 4 Stunden

Für die Pökellake alle Zutaten in einer Schüssel mischen. Den Bauchspeck unter fließendem Wasser säubern und mit Küchenpapier trocken tupfen. Die dünnen Fasern am Rand mit einem Messer entfernen. Den Schweinebauch in einen Gefrierbeutel geben und die Pökelmischung hinzugießen. Den Beutel fest verschließen, dabei sollte möglichst wenig Luft im Beutel verbleiben. Die Pökelmischung kräftig in den Bauchspeck einmassieren. Anschließend den Beutel für 7 Tage in den Kühlschrank legen, dabei jeden Tag wenden und das Fleisch ein wenig massieren.

Das gepökelte Fleisch nach 7 Tagen aus dem Beutel nehmen, unter fließendem Wasser gründlich abspülen und mit Küchenpapier trocken tupfen. Den gepökelten Schweinebauch an einen Fleischhaken hängen und über einem Teller im Kühlschrank zum Trocknen aufhängen (Frau/Freundin/Partner/in finden das immer ganz großartig).

Nach 2 Tagen Trockenzeit ist es endlich an der Zeit, die Kohlen anzuzünden. Den Grill fürs indirekte Grillen vorbereiten und auf eine Temperatur von 110–115 °C erhitzen. In der Zwischenzeit die Räucherholzchips in einer Schüssel mit Wasser einweichen. Nach ½ Stunde abgießen und auf der Glut verteilen. Den gepökelten und getrockneten Schweinebauch auf den Grillrost legen und den Deckel schließen. Den Schweinebauch garen, bis er eine Kerntemperatur von 65 °C erreicht hat. Den fertig gegarten Schweinebauch vollständig abkühlen lassen und dann in sehr dünne Scheiben schneiden. Fertig ist der hausgemachte Bacon!

# PULLED PORK

**DER ABSOLUTE LOW-AND-SLOW-KLASSIKER IST PULLED PORK. EIN GERICHT AUS EINER LANGSAM GEGARTEN SCHWEINESCHULTER, DAS URSPRÜNGLICH AUS DEM AMERIKANISCHEN BUNDESSTAAT NORTH CAROLINA STAMMT UND INZWISCHEN GANZ EUROPA EROBERT HAT. DIE AMERIKANER VERWENDEN BOSTON BUTT, EINEN TEIL DER SCHULTER, AN DEM NOCH DAS SCHULTERBLATT SITZT UND DAS SO GAR NICHTS MIT DEM HINTERTEIL EINES SCHWEINS ZU TUN HAT. SCHAUT SIE IHR METZGER MIT GROSSEN AUGEN AN, WENN SIE IHN DANACH FRAGEN, DANN NEHMEN SIE EINE SCHWEINESCHULTER MIT KNOCHEN ODER EINEN SCHWEINENACKEN. BEI LETZTEREM SOLLTEN SIE EINE KÜRZERE ZUBEREITUNGSZEIT EINPLANEN.**

*Zutaten (für ca. 3 kg)*
1 Schweineschulter (Boston Butt), ca. 4 kg, oder 1 Schweinenacken, ca. 2½ kg, von einer guten Schweinerasse
4 EL amerikanischer Senf
50 g „Piggy Mix"-BBQ-Kräuter (siehe Seite 27)
300 ml Smokey's Pig-Spray (siehe Seite 29)

*Außerdem:*
Räucherholzchips, möglichst Apfelholz
Grill mit Deckel zum indirekten Grillen
BBQ-Guru (siehe Seite 13, wahlweise)
Kernthermometer

*Zubereitung*
Vorbereitungszeit: 1 Stunde
Zubereitungszeit: etwa 12 Stunden (oder 6–8 Stunden bei einem Schweinenacken ohne Knochen)

Mit einem Messer die dicke und feste Fettschicht von der Schweineschulter abschneiden, falls nötig. Dann die ganze Schulter mit dem Senf einreiben. Von den „Piggy Mix"-BBQ-Kräutern 3 EL aufbewahren und den Rest gleichmäßig auf der ganzen Schulter verteilen.

Inzwischen den Grill fürs indirekte Grillen vorbereiten und auf eine Temperatur von 110–115 °C erhitzen. Um die Temperatur konstant zu halten, die Luftventile des Grills richtig einstellen oder einen BBQ-Guru benutzen (dieser kleine Computer mit Ventilator hilft, die Temperatur des Grills konstant zu halten).

Die Schulter nach 1 Stunde mit Smokey's Pig-Spray besprühen, damit die Kräutermischung an der Außenseite gut karamelliert und das Fleisch nicht austrocknet. Die Temperatur des Grills im Auge behalten und bei Bedarf noch Holzkohle bzw. Briketts nachlegen.

Das Fleisch nach 6 Stunden (oder bereits früher, wenn es einen schönen dunklen Mahagoniton hat) in Aluminiumfolie wickeln und zurück auf den Grill legen. Weitere 6 Stunden langsam garen. Durch die Aluminiumfolie bleibt das Fleisch besonders saftig und die Zubereitungszeit wird verkürzt. Nach ungefähr 12 Stunden sollte die Kerntemperatur bei 87 °C liegen. Die Schulter erst vom Grill nehmen, wenn sie diese Temperatur erreicht hat: Liegt die Temperatur darunter, dann lässt sich das Fleisch nicht so gut „pullen" (zerzupfen). Die Schulter an einem warmen Ort 15 Minuten ruhen lassen. Aus der Aluminiumfolie wickeln, das Schulterblatt herauslösen und das Fleisch mit 2 Gabeln in feine Stücke zupfen. Anschließend noch 3 EL „Piggy Mix"-BBQ-Kräuter hinzufügen und gut untermischen. Das Pulled Pork kann nun für Ihr Lieblingsgericht (siehe z. B. Seite 64) weiter verarbeitet oder aber direkt serviert werden. Das Pulled Pork mit einer BBQ-Sauce nach Geschmack mischen. Hmm, wie köstlich!

*Tipp:* Restliche Stücke vom Pulled Pork halten sich 3 Tage im Kühlschrank. Sie lassen sich gut mit 1 Spritzer Apfelsaft in einer abgedeckten Auflaufform bei 120 °C aufwärmen.

HEINZ
1869
TOMATO
KETCHUP
200 l - 235 kg
HEINZ
1869
TOMATO
KETCHUP
200 l - 235 kg

BBQ

SCOTTS VARI
WARNING
2734

SCOTT'S
PIT COOK
B.B.Q.
1-843-558-0134

# FESTIVAL-STYLE SPARERIBS

**DIESE SPARERIBS SIND EINFACH GÖTTLICH. DAS REZEPT IST SEIT FÜNF JAHREN UNVERÄNDERTER BESTANDTEIL UNSERES FESTIVAL-CATERINGS. EGAL, WIE VOLL ODER WIE GROSS DAS FESTIVAL AUCH IST; DIES IST DAS ULTIMATIVE REZEPT. PUNKT AUS. WIR MACHEN ES GUT ODER WIR MACHEN ES ÜBERHAUPT NICHT. BEI UNS WERDEN SIE KEIN VORGEKOCHTES FLEISCH ODER AUFGEWÄRMTE RIPPCHEN FINDEN. MIT DIESEM REZEPT KÖNNEN SIE DIESEN FESTIVAL-KLASSIKER ZU HAUSE SELBST ZUBEREITEN. WIR GAREN UNSERE SPARERIBS IN EINEM RIESIGEN SMOKER, DER ZU 100 PROZENT MIT HOLZ BEFEUERT WIRD, DOCH AUCH MIT EINEM KUGELGRILL KÖNNEN SIE EIN ÄHNLICH HERVORRAGENDES ERGEBNIS ERZIELEN. AM BESTEN VERWENDEN SIE ZUM SMOKEN APFELHOLZCHIPS.**

110 °C

*Zutaten (für 4 Personen)*
4 Spareribs
2 EL amerikanischer Senf
8 EL „Piggy Mix"-BBQ-Kräuter (siehe Seite 27)
300 ml Smokey's Pig-Spray (siehe Seite 29)
200 ml „Smokey's Original"-BBQ-Sauce (siehe Seite 28)
200 g Louisiana-Coleslaw (siehe Seite 33)
frisches Baguette (nach Belieben)

*Außerdem:*
Kreuzschraubendreher
1 Handvoll Apfelholzchips
Grill mit Deckel, oder Ofen
Cocktailspieße

*Zubereitung*
Vorbereitungszeit: ½ Stunde
Zubereitungszeit: 4 Stunden

Von jeder Sparerib-Leiter die Silberhaut entfernen. Dazu mit dem Schraubendreher zwischen Silberhaut und Fleisch stechen und diesen mit rüttelnden Bewegungen unter die Silberhaut führen. Dann den Schraubendreher nach oben ziehen, jedoch die Ribs nach unten drücken, sodass die Silberhaut abgezogen wird. Mit den restlichen drei Rippchen ebenso verfahren. Jede Leiter von beiden Seiten mit wenig Senf einreiben und anschließend die „Piggy Mix"-BBQ-Kräuter gleichmäßig auf beiden Seiten der Spareribs verteilen.

Den Grill fürs indirekte Grillen vorbereiten und auf 110 °C erhitzen. Die eingeweichten und abgetropften Räucherholzchips auf den Kohlen verteilen und die gewürzten Spareribs auf den Grillrost legen. Die Rippchen 2 Stunden garen und sie dabei jede ½ Stunde mit Smokey's Pig-Spray besprühen. Nach 2 Stunden Garzeit, die Rippchen in Aluminiumfolie wickeln. Sie sollten dann schön goldbraun sein. Bevor die Folie zusammengefaltet wird, die Ribs noch einmal mit Smokey's Pig-Spray besprühen und noch 1½ Stunden weitergaren.

Mit einem Cocktailspieß zwischen die Knochen in das Fleisch stechen. Wenn sich der Cocktailspieß nur schwer einstechen lässt, dann sind die Ribs noch nicht ausreichend gegart. Wenn kein Widerstand spürbar ist, sind sie schon zu lange gegart worden. Perfekte Spareribs sollten beim Einstechen etwas Widerstand entgegensetzen. Diese Einstechtechnik erfordert etwas Übung, aber wenn man erst einmal weiß, wie es geht, dann muss kein Sparerib mehr vor dem Ende der Garzeit aus der Folie genommen zu werden. Die fertig gegarten Spareribs aus der Aluminiumfolie nehmen und zurück auf den Grill legen. Mit „Smokey's Original"-BBQ-Sauce einpinseln und mit selbst gemachtem Louisiana-Coleslaw und mit frisch gebackenem Baguette servieren.

# HACHSE

## MIT KENTUCKY-BOURBON-BBQ-GLAZE

**WER VERRÜCKT NACH KNOCHEN IST, ABER EINMAL ETWAS ANDERES ALS SPARERIBS MÖCHTE, DEM SEI DIESES HACHSEN-REZEPT WÄRMSTENS EMPFOHLEN. WIR HABEN HACHSEN ZUM ERSTEN MAL AUF EINEM HEAVY-METAL-FESTIVAL SERVIERT UND DORT KAMEN SIE BEI DEM PUBLIKUM GUT AN. BEI DIESEM IN SÜSSER HITZE GESMOKTEM GERICHT SORGT BOURBON, VOR ALLEM DER AUS KENTUCKY, FÜR EIN WUNDERBARES AROMA.**

*Zutaten (für 4 Personen)*
8 EL „Piggy Mix"-BBQ-Kräuter (siehe Seite 27)
½ TL Chilipulver
4 Hachsen à 300 g
300 ml Smokey's Pig-Spray (siehe Seite 29)
100 ml Honig
100 ml flüssige Margarine
100 ml Kentucky Bourbon
4 TL Tabasco-Chipotle-Sauce
8 EL Kentucky-Bourbon-BBQ-Sauce (siehe Seite 29)

*Außerdem:*
Grill zum indirekten Grillen
Apfelholzräucherchips
Pinsel

*Zubereitung*
Vorbereitungszeit: ½ Stunde
Zubereitungszeit: etwa 4 Stunden

Den Grill fürs indirekte Grillen vorbereiten und auf eine Temperatur von 120 °C erhitzen. Die „Piggy Mix"-BBQ-Kräuter mit dem Chilipulver mischen und die Hachsen gleichmäßig damit würzen. Das Fleisch auf den Grillrost legen und den Deckel schließen. Die Hachsen 2 ½ Stunden garen und zwischendurch alle ½ Stunde mit Smokey's Pig-Spray besprühen.

Sobald die Hachsen eine schöne goldbraune Farbe bekommen haben, vier Stücke Aluminiumfolie zuschneiden und je eine Hachse auf ein Stück Aluminiumfolie legen. Jeweils Honig, flüssige Margarine, Kentucky Bourbon und Tabasco-Chipotle-Sauce darauf verteilen und die Aluminiumfolie gut verschließen. Die eingepackten Hachsen zurück auf den Grill legen und noch 1½ Stunden weitergaren, bis sie eine Kerntemperatur von 80 °C erreicht haben. Die Hachsen aus der Folie nehmen und großzügig mit der Kentucky-Bourbon-BBQ-Sauce einpinseln. Anschließend noch 1 Minute auf den Grill legen, damit die Sauce auf dem Fleisch trocknet. Die Hachsen direkt servieren.

# LECHON ASADO

**DER AMERIKANISCHE BBQ-STIL ZEICHNET SICH DURCH DIE VERWENDUNG VON GETROCKNETEN GEWÜRZEN UND SÜSSEN GRILLSAUCEN AUS, ABER ES GIBT ZAHLREICHE TEILE DER WELT, IN DENEN BEIM BARBECUE UND GRILLEN FRISCHE KRÄUTER UND FRISCHE AROMEN VERWENDET WERDEN. LECHON ASADO, GEGRILLTER KUBANISCHER SCHWEINEBRATEN, IST SO EIN GERICHT UND DARUM DAS SOMMERGERICHT PAR EXCELLENCE.**

*Zutaten (für ca. 3 kg)*

## FÜR DIE MARINADE:

30 ml Olivenöl
2 EL Rohrohrzucker
300 ml Orangensaft, frisch gepresst
2 Limetten, Saft
100 ml weißer Rum
½ Bund Koriander, fein gehackt
½ Bund Minze, Blätter fein gehackt
1 EL Oregano, fein gehackt
6 Knoblauchzehen, geschält und fein gehackt
2 TL Kreuzkümmel, gemahlen
Salz und schwarzer Pfeffer, frisch gemahlen

1 Schweinenacken, 2½–3 kg, von einer guten Rasse
Salz und schwarzer Pfeffer, frisch gemahlen

*Außerdem:*
Sieb
Injektionsnadel
Grill mit Deckel zum indirekten Grillen
Kernthermometer

*Zubereitung*
Vorbereitungszeit: 1 Stunde
Marinierzeit: 2 Stunden
Zubereitungszeit: etwa 6 Stunden

Für die Marinade alle Zutaten verrühren und ½ Stunde ziehen lassen. Die Hälfte der Marinade durch ein feines Sieb gießen. Die Injektionsnadel mit der abgeseihten Marinade füllen und die Lösung im Abstand von jeweils 2 cm in den Schweinenacken injizieren. Den injizierten Schweinenacken in die nicht abgeseihte Marinade legen und 2 Stunden im Kühlschrank marinieren lassen.

Inzwischen den Grill fürs indirekte Grillen vorbereiten und auf eine Temperatur von 140 °C erhitzen. Den marinierten Schweinenacken aus der Marinade nehmen, abtropfen lassen und leicht mit Salz und Pfeffer würzen. Anschließend den Schweinenacken auf den Grillrost legen und 5–6 Stunden garen, bis er eine Kerntemperatur von 80 °C erreicht hat. Den fertig gegarten Schweinenacken mit einem Spatel vorsichtig vom Grillrost heben und in dicke Scheiben schneiden. Soll er für Pulled Pork verwendet werden, dann weitergaren, bis er eine Kerntemperatur von 87 °C erreicht hat und anschließend mit einem Messer oder einer Gabel in grobe Stücke zupfen. Schmeckt wunderbar zu Bohnen, weißem Reis und Grillmais-Salsa (siehe Seite 30) oder als Füllung für das Kuba-Sandwich Smokey-Style (siehe Seite 70).

CHICKEN
& CO.

# CHICKEN & CO.

**NIRGENDS WIRKT DIE KRAFT DES EINFACHEN SO STARK WIE BEI GEFLÜGEL, DAS ÜBER DER GLUT ZUBEREITET WIRD, DENN DAZU BRAUCHT ES NICHT MEHR ALS HÄHNCHEN, PUTE ODER ENTE UND EIN KNISTERNDES FEUER. DAS RAUCHAROMA, DAS SAFTIGE FLEISCH UND DIE KNUSPRIG GEBRATENE HAUT – UM DIE AM TISCH IMMER EIN KAMPF ENTFACHT – SIND DAS ÄUSSERST SCHMACKHAFTE ERGEBNIS VON GUTEM GEFLÜGEL UND EINEM GRILL. IM KAPITEL CHICKEN & CO. MÖCHTE ICH IHNEN MEINE LIEBSTEN GEFLÜGELREZEPTE VORSTELLEN, DIE GANZ EINFACH ZUZUBEREITEN SIND UND FÜR KULINARISCHEN GENUSS SORGEN. NUR FÜR DEN TURDUCKEN MÜSSEN SIE DIE ÄRMEL HOCHKREMPELN. WENN SIE DIESE FEUERPROBE GUT BESTANDEN HABEN, DANN KÖNNEN SIE IHREN GÄSTEN WAHRLICH EIN BEEINDRUCKENDES PRUNKSTÜCK PRÄSENTIEREN.**

Genau wie bei allen anderen Zutaten, gilt auch bei der Wahl des Geflügels immer das Motto: „Wählen Sie Qualität“. Bei immer wiederkehrenden Berichten über Missstände in der Tierzucht sollten Sie sichergehen, dass Sie kein Gruselhähnchen, statt eines Suppenhähnchens, auf den Grill legen. Auch im Supermarkt gibt es glücklicherweise ein ständig wachsendes Angebot an Geflügel, das mit Liebe und Respekt großgezogen wird.

Wollen Sie einmal etwas Besonderes probieren, dann gehen Sie zum Geflügelhändler oder zu einem guten Metzger und fragen Sie nach dem Label *Rouge*, einem Gütesiegel für Geflügel, das eine naturnahe Tierhaltung garantiert. Schauen Sie sich also Ihren Geflügelzüchter vor Ort an oder wählen Sie hochwertige *Rouge*-Hühner aus Frankreich, *Gilde*-Hühnchen oder niederländische *Hubbard*-Hühnchen, die allesamt ausreichend Platz und Zeit zum Wachsen bekommen.

Abgesehen davon, dass Geflügel aus artgerechter Haltung besser fürs eigene Gewissen ist, schmeckt es auch wesentlich besser. Das Fleisch ist so zart und saftig, dass Pökeln unnötig ist. Ich pökele Geflügel nie, da durch das Salz die Struktur verändert wird und sich dadurch der natürliche Geschmack nicht voll entfalten kann.

# HÄHNCHEN-KEBABS

## MIT CHIPOTLE-HONIG-MARINADE

**DIESE ÜBERAUS SCHMACKHAFTEN KEBABS SIND SO LECKER, DASS SIE BEIM NÄCHSTEN MAL GANZ BESTIMMT ZWEIMAL NACHDENKEN, BEVOR SIE EINFACH NUR HÄHNCHENSPIESSE ZUBEREITEN. CHIPOTLE-FLOCKEN SIND ROTE JALAPEÑOS, DIE ERST GERÄUCHERT, DANN GETROCKNET UND ZUM SCHLUSS ZERMAHLEN WERDEN. DIESE DUFTENDEN CHILIS SIND DIE ABSOLUTEN STARS IN DIESEM GERICHT UND WENN SIE ETWAS SCHÄRFE MÖGEN, DANN EMPFEHLE ICH IHNEN EINEN EXTRA LÖFFEL DAVON IN DIESEM GERICHT. DIE ERFRISCHENDE ANANAS-PAPRIKA-SALSA KANN IHRE LETZTE RETTUNG SEIN, WENN SIE DIESES KÖSTLICHE GERICHT DOCH ZU STARK GEWÜRZT HABEN.**

*Zutaten (für 4 Personen)*

### FÜR DIE HÄHNCHENMARINADE:

2 unbehandelten Limetten, fein gehackter Abrieb und Saft
2 frische Jalapeño-Chilischoten, entkernt und fein geschnitten
3 Knoblauchzehen, geschält und fein gehackt
3 EL Koriander, fein gehackt
3 EL Honig
1 EL brauner Zucker
1½ TL Chipotle-Flocken oder 1 TL Chilipulver
1 TL geräuchertes Paprikapulver
½ TL Kreuzkümmel, gemahlen
3 EL Sonnenblumenöl
1 EL Salz
schwarzer Pfeffer, grob gemahlen

800 g Hähnchenkeulen, entbeint

*Außerdem:*
5 Kebabspieße
Grill zum direkten Grillen
Kernthermometer

*Zubereitung*
Vorbereitungszeit: 2 Stunden
Zubereitungszeit: ½ Stunde

Für die Hähnchenmarinade alle Zutaten in einer großen Schüssel mischen. Das Hähnchenfleisch in ca. 3 x 3 x 1½ cm große Würfel schneiden, in die Marinade legen und mindestens 1½ Stunden marinieren lassen.

Den Grill fürs direkte Grillen vorbereiten und auf eine Temperatur von 220 °C erhitzen. Inzwischen die marinierten Hähnchenwürfel auf vier Kebabspieße stecken. Die Spieße über die Glut legen, bis das Fleisch eine Kerntemperatur von mindestens 75 °C erreicht hat. Die Spieße mit geröstetem Fladenbrot und der Ananas-Paprika-Salsa (siehe Seite 33) als leichtes Lunchgericht oder für ein Büffet servieren.

# BEER CAN CHICKEN
## SMOKEY-STYLE

**BEER CAN CHICKEN HABEN SICH IN KÜRZESTER ZEIT ZU EINEM BBQ-GERICHT MIT KULTSTATUS ENTWICKELT UND DÜRFEN DARUM IN DIESEM BUCH AUF KEINEN FALL FEHLEN. DADURCH, DASS DAS HÜHNCHEN AUF DER BIERDOSE „SITZT", WIRD ES AUFRECHT STEHEND GEBRATEN. SO BILDET SICH RUNDHERUM EINE KROSSE HAUT, DIE STETS DAS BESTE AM HÜHNCHEN IST. DIES IST EIN EINFACHES REZEPT, MIT DEM SIE IHRE GÄSTE GANZ BESTIMMT ÜBERRASCHEN, WENN SIE DEN DECKEL VOM GRILL ÖFFNEN. HATTE ICH SCHON ERWÄHNT, DASS BIER, HÄHNCHEN UND BARBECUE HERVORRAGEND ZUSAMMENPASSEN?**

*Zutaten (für 4 Personen)*
2 Dosen des Lieblingsbiers
2 Freilandhühnchen à 1,3 kg, von einer guten Rasse, z. B. Label *Rouge* oder *Bressehühner*
8 EL „Chick Mix"-BBQ-Kräuter (siehe Seite 27)
1 Zitrone, in Spalten geschnitten
1 Bund frischer Rosmarin

*Außerdem:*
Grill mit Deckel zum indirekten Grillen
Injektionsnadel
1 Handvoll eingeweichter Apfel-, Kirsch- oder Mesquite-Holzchips
Geflügelsitz (nach Belieben)
Kernthermometer

*Zubereitung*
Vorbereitungszeit: 1 Stunde
Zubereitungszeit: 1 Stunde

Den Grill fürs indirekte Grillen vorbereiten und auf eine Temperatur von 170 °C erhitzen.

Die 2 Bierdosen öffnen und aus jeder einen großen Schluck trinken. Das ist schon einmal das erste Vergnügen. Nun die Injektionsspritze mit Bier füllen und die Flüssigkeit in verschiedene Stellen der Brust und der Schenkel spritzen. So schmeckt das Geflügel hinterher auf jeden Fall nach Bier, auch dann, wenn wenig Bier aus der Dose verdampft sein sollte. Die zwei Hühnchen mit Küchenpapier trocken tupfen und rundherum gleichmäßig mit den „Chick Mix"-BBQ-Kräutern würzen.

Die 2 Bierdosen über die heißesten Stellen des Grills stellen und vorwärmen. Sobald das Bier in den Dosen anfängt zu dampfen, die eingeweichten und abgetropften Räucherholzchips und das Bund Rosmarin, außer einigen Zweigen, auf den heißen Kohlen verteilen. Die Hühnchen auf die Bierdosen setzen und die beiden Hühnchenfüße aufstellen, sodass die Bierdose und die zwei Füße eine Art Dreibein auf dem Grillrost bilden. Die Brust zum wärmsten Teil des Grills drehen und den Deckel schlissen. Die Temperatur des Grills bei konstant 170 °C halten und die Hühnchen 50–60 Minuten garen, bis die Brust eine Kerntemperatur von 70 °C hat und die Schenkel 75 °C haben.

Die Hühnchen vom Grillrost nehmen, mit den Dosen aufrecht auf das Schneidebrett stellen und kurz ruhen lassen. Die Zitronenspalten grillen, während die Hühnchen ruhen. Anschließend alles mit den restlichen Rosmarinzweigen auf einem Schneidebrett anrichten. Kurz vor dem Servieren die Rosmarinstängel anzünden. Das ist echter Smokey-Style und duftet zudem auch noch gut.

# TURDUCKEN

**DIESER AMERIKANISCHE KLASSIKER IST IN DEN NIEDERLANDEN NOCH RECHT UNBEKANNT UND HÖCHSTWAHRSCHEINLICH HABEN SIE VON DIESEM GERICHT AUCH NOCH NIE ETWAS GEHÖRT. TURDUCKEN STEHT FÜR TURKEY, DUCK UND CHICKEN (TRUTHAHN, ENTE UND HÄHNCHEN) UND IST EIN GERICHT, BEI DEM TRUTHAHN, ENTE UND HÄHNCHEN INEINANDER GEROLLT WERDEN.**

Die Zubereitung ist etwas aufwendig, aber es ist ein wirklich tolles Rezept, um das langsame Garen auf dem Grill zu üben. Das Ergebnis ist ein schmackhaftes Prachtstück für eine große Gästeschar.

*Zutaten (für 12–16 Personen)*

## FÜR DIE FÜLLUNG:

8 EL Butter
5 Stangen Staudensellerie, geputzt und klein geschnitten
1 große Zwiebel, geschält und fein gehackt
1 Winterkarotte, geschält und klein geschnitten
14 Scheiben Weißbrot, im Ofen leicht getrocknet
3 Päckchen kleine Cracker, z. B. *LU Mini Crackers*, naturell
1 l Hühnerbrühe
100 ml Weißwein
1 TL Salbei, getrocknet
1 EL „Chick Mix"-BBQ-Kräuter (siehe Seite 27)
5 Eier, verquirlt
Salz und schwarzer Pfeffer, frisch gemahlen

1 Truthahn, ca. 7 kg
1 Ente, ca. 2½ kg
1 Hähnchen, ca. 1,4 kg
10 EL „Chick Mix"-BBQ-Kräuter (siehe Seite 27)
6 EL Agavendicksaft
6 EL flüssige Margarine
Salz und schwarzer Pfeffer, frisch gemahlen

*Außerdem:*
Geflügelschere
Entbeinmesser
Küchengarn
große (Fleisch-)Stopfnadel
1 Handvoll eingeweichte Apfel-, Kirsch- oder Mesquite-Räucherholzchips
große Auflaufform oder Aluminium-Einwegtropfschale
Aluminiumfolie
Grill zum indirekten Grillen

*Zubereitung*
Vorbereitungszeit: 2 Stunden
Zubereitungszeit: 6 Stunden

Für die Füllung die Butter in einem Topf zerlassen und den Staudensellerie, die Zwiebel und die Winterkarotte bei geringer Hitze pfannenrühren. Inzwischen das Weißbrot und die Cracker in einer großen Rührschüssel zerbröseln. Das weich gegarte Gemüse mit den Krümeln mischen. Die restlichen Zutaten für die Füllung hinzufügen und alles gut umrühren.

Zum Entbeinen des Geflügels ist eine sichere Hand ein Muss. Das Hähnchen mit dem Rücken nach oben auf die Arbeitsfläche legen und das Rückgrat herausschneiden. Das Hähnchen aufklappen. Mit einem scharfen Kochmesser entlang des Rückgrats schneiden und am Knochen entlang das Fleisch vom Knochen trennen, um die Karkasse zu entfernen. Die kleinen Flügel am besten abschneiden. An den Keulen zuerst die Gelenke durchtrennen, dann mit dem Entbeinmesser rund um den Knochen schneiden und die Knochen herauslösen. Diese Schritte bei der Ente und dem Truthahn wiederholen, doch beim Truthahn die Knochen in den Schenkeln belassen.

Den aufgeklappten Truthahn mit der Hautseite nach unten auf eine Arbeitsfläche oder ein Schneidebrett legen. Die Fleischseite leicht mit Salz und Pfeffer würzen und die Hälfte der Füllung darauf verteilen. Nun die aufgeklappte Ente mit der Hautseite nach unten auf den mit der Füllung bedeckten Truthahn legen. Die Ente mit Salz und Pfeffer einreiben und mit der restlichen Füllung bestreichen. Zum Schluss das aufgeklappte Hähnchen mit der Hautseite nach unten auf die Ente mit der Füllung legen. Das Hähnchen mit Pfeffer einreiben. Zusammen mit einer zweiten Person die drei Geflügelschichten zusammenfalten. Das gelingt am besten, wenn Sie die Teile des Truthahnrückens, an denen er aufgeschnitten wurde, aufeinanderlegen und den Schnitt mit Küchengarn und einer großen Stopfnadel zusammennähen.

Einen großen Grill mit Deckel fürs indirekte Grillen vorbereiten und auf eine Temperatur von 140 °C erhitzen. Den gefüllten Truthahn rundherum mit den „Chick Mix"-BBQ-Kräutern einreiben und mit der Brust nach oben in eine Aluminiumtropfschale legen. Die eingeweichten und abgetropften Räucherholzchips auf den Kohlen verteilen, die Schale mit dem Turducken auf den Grillrost legen und den Deckel schließen. Nach etwa 2 Stunden die Hautfarbe des Truthahns kontrollieren. Wenn er schön goldbraun ist, den Truthahn mit Agavendicksaft und flüssiger Margarine beträufeln, mit Aluminiumfolie gut abdecken und nochmals etwa 2–3 Stunden garen, bis das dickste Geflügelteil eine Kerntemperatur von 70 °C erreicht hat. Den Turducken vorsichtig vom Grillrost nehmen und vor dem Anschneiden 10 Minuten ruhen lassen.

# GEGRILLTE ASIA-ENTE
## & SALAT-WRAPS

**AUF MEINEN REISEN DURCH ASIEN ENTDECKTE ICH ÜBERALL RAUCHENDE GRILLS. AUF DEN BÜRGERSTEIGEN VOR RESTAURANTS, NEBEN MARKTSTÄNDEN UND IN VORGÄRTEN, IMMER WURDEN IRGENDWO ÜBER EINEM KNISTERNDEN FEUER FEINE KÖSTLICHKEITEN GEBRATEN. ERINNERUNGEN AN SÜSSE ASIATISCHE MARINADEN, DEN GESCHMACK VON GEBRATENEM FLEISCH UND DIE GROSSZÜGIGEN MENGEN FRISCHER KRÄUTER VEREINEN SICH IN DIESEM HERRLICHEN, ASIATISCH ANGEHAUCHTEN BBQ-GERICHT. SERVIEREN SIE DIE ZUTATEN FÜR DIE FÜLLUNG EXTRA – SO KÖNNEN SICH IHRE GÄSTE SELBST BEDIENEN UND IHRE ULTIMATIVEN SALAT-WRAPS ZUSAMMENSTELLEN.**

Zutaten (für 4 Personen)

### FÜR DIE MARINADE:
4 EL Maltose (chinesischer Malzzucker; aus dem Asialaden)
2 EL Reiswein, vorzugsweise Shaoxing-Wein
2 TL Sojasauce
1 TL Fünf-Gewürze-Pulver
2 EL Sojaöl
1 Msp. Salz
2 TL rote Chilischoten, sehr fein gehackte
schwarzer Pfeffer, frisch gemahlen

600 g Entenbrustfilet

### FÜR DIE SALAT-WRAPS:
2 Köpfe grüner Salat, einzelne Blätter abgezupft und gewaschen
100 g Karotte, geputzt und in Julienne geschnitten
100 g Gurke, gewaschen und in Julienne geschnitten
100 g Sojasprossen
3 Frühlingszwiebeln, in Julienne geschnitten
100 g Rettich, geschält und in Julienne geschnitten
½ Bund Thai-Basilikum, nur die Blätter
½ Bund frische Minze, nur die Blätter
2 Limetten, in Spalten geschnitten
1 frische rote Chilischote, in feine Ringe geschnitten
5 EL geröstete Erdnüsse, grob gehackt
100 ml Hoisin-Sauce (aus dem Asialaden)

*Außerdem:*
Grill zum direkten Grillen
Pinsel

*Zubereitung*
Vorbereitungszeit: 1 Stunde
Ruhezeit: 2 Stunden
Zubereitungszeit: ½ Stunde

Für die Marinade die Maltose kurz erwärmen, falls sie zu dickflüssig ist. Das geht auch in der Mikrowelle. Die flüssige Maltose mit den übrigen Zutaten für die Marinade mischen. Von jeder Entenbrust das überschüssige Fett abschneiden und die Hautseite kreuzweise einritzen. Mit einem Pinsel die Marinade gut in die Einkerbungen der Haut streichen und dann die Entenbrust mindestens 2 Stunden im Kühlschrank marinieren lassen.

Den Grill fürs direkte Grillen vorbereiten und auf etwa 200 °C erhitzen. Die Entenbrüste grillen. Während das Fleisch auf dem Grillrost liegt, immer mal wieder mit der restlichen Marinade einpinseln. Die Entenbrüste sind bei einer Kerntemperatur von 50 °C rosa gegart (medium rare) und bei einer Kerntemperatur von 55 °C halb durchgebraten (medium). Kurz ruhen lassen und dann in dünne Scheiben schneiden. Die Entenbrüste mit der Füllung für die Salat-Wraps servieren.

BARBECUE
Kreuz
MARKET
SINCE 1900
619 N. COLORADO

# PROTEIN-TEMPEL

Franklin
BARBECUE

# PROTEIN-TEMPEL

**AMERIKANISCHE BBQ-RESTAURANTS SIND ANDERS ALS EUROPÄISCHE RESTAURANTS, WIE WIR SIE KENNEN. ABGESEHEN VON DEM MIT RAUCH DURCHDRUNGENEM INTERIEUR, FEHLENDEM BESTECK UND LANGEN WARTESCHLANGEN, SIND ES VOR ALLEM DIE GANZ EIGENEN RITUALE, OFFENEN KÜCHEN UND UNGEAHNT KÖSTLICHEN FLEISCHGERICHTE, DIE ERKENNEN LASSEN, DASS ES HIER GANZ ANDERS ZUGEHT ALS ZU HAUSE. AUF KASPERS UND MEINER BBQ-TOUR BESUCHTEN WIR MANCHMAL BIS ZU FÜNF RESTAURANTS AM TAG. WIR PROBIERTEN, BIS WIR NICHT MEHR KONNTEN, SAUGTEN DIE ATMOSPHÄRE IN UNS AUF, REDETEN MIT BEGEISTERTEN PITMASTERN UND GENOSSEN ALLES IN VOLLEN ZÜGEN.**

## No nonsense

Das Erste, das bei einem Besuch in einem echten BBQ-Restaurant auffällt, sind die riesigen Holzberge vor und hinter dem Gebäude und das starke Aroma von gebratenem Fleisch, das einen bereits auf dem Parkplatz wie eine sanfte Wolke umhüllt. Schon auf der Schwelle wähnt man sich am Eingang in eine andere Welt: Lange Schlangen von Gästen, die geduldig warten, bis sie an der Theke ihre Bestellung aufgeben können, Speisekarten auf abgerissenem Butcher-Paper und neben einer Sammlung von Saucen befinden sich Küchenpapierrollen als Ersatz für schicke Servietten. Der Schwerpunkt liegt in den BBQ-Restaurants ganz eindeutig auf dem Fleisch. Das einfache Interieur, lange Wartezeiten und der Verzicht auf Porzellanteller und Besteck machen das unmissverständlich klar.

Die Dekoration beschränkt sich im BBQ-Restaurant auf große Pokale, die zeigen, dass man bei einem Meister seines Fachs isst, einem echten Gewinner. Oder man trifft auf vergilbte Zeitungsartikel, die von der jahrelangen Geschichte des Restaurants erzählen. Wir fanden es äußerst bemerkenswert, dass traditionelle BBQ-Restaurants, die schon seit Jahrzehnten existieren, nur zur Mittagszeit geöffnet sind. Sie schließen, wenn sie alles verkauft haben, was manchmal schon um 14.30 Uhr der Fall sein kann. Wir fragten verschiedene Eigentümer, warum sie nicht einfach größere Mengen Fleisch zubereiten, dann könnten sie doch auch abends öffnen. „Ich finde, dass 16 Stunden Arbeit am Tag mehr als ausreichend sind", antwortete mir der Pitmaster von *Smitty's* mit breitem Grinsen im Gesicht.

## Pfundweise

Wenn Sie sich erst mal geduldig in der langen Schlange der Wartenden vorgearbeitet haben (bei *Franklin Barbecue* in Austin, Texas, sind drei Stunden Wartezeit völlig normal), dann geben Sie an der Theke Ihre Bestellung auf. Dahinter steht der Pitmaster mit seiner Crew, der à la minute das Fleisch für Sie schneidet. In den Restaurants im *Market-Style* bestellen Sie das Fleisch gleich pfundweise. Wir versuchten einmal, ein Viertelpfund Brisket zu bestellen, doch das schallende Gelächter, das folgte, ließ uns die Bestellung schnell auf ein Pfund korrigieren. Das scheint die Mindestbestellmenge zu sein. In fast allen Restaurants gibt es eine Auswahl an Brisket, Pulled Pork und Ribs. Zusätzlich werden manchmal auch monstergroße Beef Ribs (die fast 1 Kilo wiegen!), Smoked Chicken,

SMOKED
EA.
EA.
OUR TRADITIONS SINCE 1900.
KREUZ MARKET
SINCE 1900
NO BARBECUE SAUCE
(NOTHING TO HIDE)
NO FORKS
(THEY ARE AT THE END OF YOUR ARM)
NO KIDDING
(SEE OWNER'S FACE)
JUST THE BEST BARBECUE & SAUSAGE WE CAN MAKE

Turkey, Sausages, Burnt Ends, Rib Tips oder Smoked Ham angeboten. Dann gibt es noch Beilagen zum Fleisch: Mac and Cheese, Potato Salad, Baked Beans und Coleslaw. Für den, der sich nicht entscheiden kann, bieten die Restaurants gemischte Platten an. Da gibt es von allem etwas, sodass Sie das volle BBQ-Erlebnis genießen können. Und voll heißt in diesem Fall auch wirklich voll, denn mit 400 bis 500 Gramm Fleisch müssen Sie schon rechnen. Zahlreiche Restaurants bieten zu jeder Mahlzeit Weißbrotscheiben oder Cracker und sogar Gewürzgurken an. Neben den Platten sind häufig auch verschiedene Sandwiches im Angebot. Die obligatorischen Sandwiches mit Pulled Pork oder Brisket findet man quasi überall. Andere BBQ-Restaurants sind da etwas kreativer und offerieren Sandwiches wie das berühmte Z-Man-Sandwich (Brisket, Provolone, frittierte Zwiebelringe und BBQ-Sauce bei *Joe's Kansas City Barbecue*) oder den Tipsy Texan (Brisket, Smoked Sausage & Coleslaw bei *Franklin Barbecue*). Auch Desserts sind reichlich im Angebot, doch nach einer derartigen Monstermahlzeit sind Sie wahrhaftig ein Held, wenn Sie das Dessert noch schaffen. Sie können meistens zwischen Klassikern wie dem zuckersüßen Bananapudding („There is no actual banana in it", schmunzelte der junge Mann von *Louie Mueller Barbecue*), Pecan Pie oder Key Lime Pie wählen.

## RESTAURANTS DER NEUEN GENERATION

In den kleinen Städten findet man noch zahlreiche traditionelle BBQ-Läden, in denen die Leute die ganze Nacht über an den mit Holz befeuerten Ziegelstein-Gruben, über glühenden Kohlen und im dichten Rauch, wie die Berseker schuften. Sie halten an der althergebrachten Zubereitungsweise fest, da ihre Väter, Großväter und Urgroßväter schon auf diese Weise arbeiteten und sie keinen Vorteil in einer Veränderung sehen. Dieses BBQ-Handwerk hat aber auch dazu geführt, dass das Interesse einer neuen Generation geweckt wurde. Frei von den Zwängen der Tradition bestehender Restaurants, deren Ehre sie hätten hochhalten müssen, erkennt man, dass diese jungen Leute in den Großstädten die Kunst des Barbecues ganz neu interpretieren. Sie arbeiten häufig mit modernen Smokern, die die Zubereitungszeit nicht verkürzen, doch dem Pitmaster durch die automatische Temperaturreglung viel Arbeit abnehmen. Sie trauen sich auch, mit der Speisekarte zu experimentieren und setzen auf ausgefallene Geschmackskombinationen, manchmal mit feinen Anklängen an die internationale Fusion-Küche. Auch hier muss man aufgrund des großen Andrangs in der Schlange warten, doch anschließend bekommt man einen Tisch zugewiesen, an dem man dann auch bedient wird. In Europa wird diese Art von BBQ-Restaurant immer beliebter. Wer heute nach London reist, kann aus Dutzenden Lokalen wählen, manche mit einer europäischen Note, die handwerklich zubereitete Barbecuegerichte servieren. Der Geschmack ist fantastisch und auch das Kitsch-Interieur nehmen wir dafür in Kauf. Wir müssen schließlich irgendwo anfangen.

Budweiser
SERVICE LINE HERE
No Cell Phones at Counter Please
Coca-Cola
DELICIOUS AND REFRESHING
BUD LIGHT
Miller
HIGH LIFE
Frito Pie
Ask About Our
Nation Wide Shipping
Catering Services

Budweiser
KING OF BEERS
BLUE BELL
ICE CREAM

1st PLACE
2012
BON

1st PLACE
2010
FIDE

# FISCH AUF DEN TISCH

# FISCH AUF DEN TISCH

**WER AN BARBECUE DENKT, DER DENKT WAHRSCHEINLICH ZUALLERERST AN FLEISCH UND WENIGER AN FISCH. DAS MAG ZUM EINEN DARAN LIEGEN, DASS VIELE GLAUBEN, FISCH SEI AUF EINEM GRILL SCHWIERIG ZUZUBEREITEN, UND ZUM ANDEREN DARAN, DASS UNS SCHLICHTWEG DIE INSPIRATION FEHLT. DIESES KAPITEL WIRD SIE GANZ BESTIMMT EINES BESSEREN BELEHREN.**

In den Niederlanden sind wir von Wasser umgeben und doch kommt bei uns im Garten vor allem Fleisch auf den Grill. Schade, denn auch mit Fisch, Schalen- und Krustentieren lassen sich schmackhafte BBQ-Gerichte zaubern. Bei unserem Catering bekommen wir häufig zu hören, dass wir zwar für Fleischgerichte gebucht waren, aber dass sich der Zitronen-Chili-Lachs als Überraschung des Abends erwiesen hat. Daher darf dieses Rezept im Buch nicht fehlen. Alle, die in Erinnerungen an den letzten Urlaub schwelgen und sich gern an den Spaziergang am Kai von Porto erinnern, werden bei der Zubereitung der gegrillten Sardinen in Gedanken beim Sommer in Portugal sein. Die Südeuropäer wissen mit Fisch und Feuer umzugehen. Die in Bacon gewickelten Riesengarnelen mit Orangen-Meerrettich-Glaze und die gegrillten Schwertmuscheln zeigen, dass Schalen- und Krustentiere unbedingt auf dem Grill zu Hause sind und sich im Handumdrehen zubereiten lassen. Merken Sie allmählich, dass Fisch auf dem Grill vielleicht noch einfacher als Fleisch zu garen ist? Und genauso lecker ist?

# GEGRILLTE SARDINEN „PORTO-STYLE“

**WER SCHON EINMAL AM KAI DER PORTUGIESISCHEN HAFENSTADT PORTO ENTLANGGEBUMMELT IST, KENNT DEN TYPISCHEN GERUCH VON GEGRILLTEN SARDINEN NUR ZU GUT. JEDES LOKAL HAT NEBEN DER TERRASSE EINEN KLEINEN GRILL AUFGEBAUT, AUF DEM DER FANGFRISCHE FISCH AUF BESTELLUNG SOFORT GEGRILLT WIRD. DIESES EINFACHE, ABER ÜBERAUS KÖSTLICHE REZEPT BRINGT SIE DIREKT IN DIE KÜCHE SÜDEUROPAS.**

*Zutaten (für 4 Personen)*
1 kg frische Sardinen, küchenfertig
3 EL Olivenöl von guter Qualität
1 Zitrone, in Spalten geschnitten
3 EL grobes Meersalz

## FÜR DEN KARTOFFELSALAT:

400 g festkochende Kartoffeln, z. B. *Roseval*, in Spalten geschnitten
2 EL Olivenöl
1 TL frische Thymianblätter
100 g Chorizo, in dünne Scheiben geschnitten
2 EL Mayonnaise
1 TL feiner Senf
1 EL Weißweinessig
½ frische rote Chilischote, in feine Ringe geschnitten
4 Stängel Petersilie, fein gehackt
2 Stangen Staudensellerie, in Ringe geschnitten
1 rote Zwiebel, geschält und in Ringe geschnitten
Salz und schwarzer Pfeffer, frisch gemahlen

*Außerdem:*
Grill zum direkten Grillen
*Zubereitung*
Vorbereitungszeit: ½ Stunde
Zubereitungszeit: 5 Minuten

Den Grill fürs direkte Grillen vorbereiten und möglichst einen gusseisernen Grillrost auflegen. Auf eine Temperatur von 250 °C erhitzen.

Für den Kartoffelsalat die Kartoffelspalten mit dem Olivenöl und den Thymianblättern mischen und mit Salz und Pfeffer würzen. Den Ofen auf 200 °C vorheizen und die Kartoffeln knusprig und goldbraun rösten. Aus dem Ofen nehmen und vollständig abkühlen lassen. Die Chorizoscheiben kurz grillen, bis sie schön kross sind, auf Küchenpapier abtropfen lassen und in feine Streifen schneiden. Die Mayonnaise, den Senf und den Weißweinessig zu einem einfachen Dressing verrühren und in einer Schüssel mit den gerösteten Kartoffeln vermengen. Die Chili, die Petersilie, die Staudensellerie und die Zwiebel hinzufügen und mit Salz und Pfeffer würzen.

Die Sardinen gut trocken tupfen, mit dem Olivenöl beträufeln und großzügig mit grobem Meersalz bestreuen. Die Sardinen auf den Grillrost legen und etwa 2 Minuten von jeder Seite grillen, bis sie gar sind. Auf einer Schale mit den Zitronenspalten anrichten und den frisch zubereiteten Kartoffelsalat dazu reichen.

# WARM-GERÄUCHERTER ZITRONEN-CHILI-LACHS

**EINFACHER, UNKOMPLIZIERTER UND KÖSTLICHER ALS DIESER WARMGERÄUCHERTE ZITRONEN-CHILI-LACHS KANN BARBECUE NICHT SEIN. NUR ZWEI ZUTATEN, EINE ORDENTLICHE PORTION RÄUCHERHOLZ UND EINE STUNDE GEDULD SIND ALLES, WAS SIE BRAUCHEN, UM DIESE BESONDERS ÜBERRASCHENDE DELIKATESSE AUF DEN TISCH ZU BRINGEN – SO BLEIBT AUSREICHEND ZEIT FÜR EINEN NETTEN PLAUSCH.**

*Zutaten (für 4 Personen)*

1 Lachsfilet mit Haut, ca. 1,4 kg
3 EL *Fruit Pepper Lemon* (fruchtiger Pfeffer mit Zitrone; z. B. von Verstegen)

*Für die Garnitur:*

2 Zitronen, in Scheiben geschnitten und kurz gegrillt
4 Zweige Thymian, die Blätter abgezupft

*Außerdem:*

Grill zum indirekten Grillen
2 Handvoll Buchen-, Birken- oder Eichen-Räucherholzchips, eingeweicht
2 große Spatel

*Zubereitung*

Vorbereitungszeit: 5 Minuten
Zubereitungszeit: ca. 1 Stunde

Einen großen Grill fürs indirekte Grillen vorbereiten und auf eine Temperatur von 90 °C erhitzen.

Die eingeweichten Räucherholzchips auf den Kohlen verteilen und den ganzen Lachs mit der Hautseite auf den Grillrost legen. Großzügig mit der Gewürzmischung bestreuen und den Deckel schließen. Den Lachs gut 1 Stunde garen, bis er sich fest anfühlt und sich bei Druck die einzelnen Abschnitte voneinander lösen. Den Lachs nicht zu lange garen, sonst wird er trocken und es bildet sich auf dem Fisch ein Film von gestocktem Eiweiß.

Zwei große Spatel vorsichtig unter den Lachs schieben und vom Grill auf ein Servierbrett legen. Mit den gegrillten Zitronenscheiben garnieren und mit den Thymianblättchen bestreuen. Zusammen mit einem sommerlichen Salat als komplettes BBQ-Gericht servieren. Lachsreste können innerhalb von 3 Tagen in einem selbst gemachtem Lachssalat oder in einer Lachsrillettes Verwendung finden.

# GEGRILLTE SCHWERTMUSCHELN

## MIT BACON-VINAIGRETTE

**SICHER SIND IHNEN DIESE LANGEN DÜNNEN MUSCHELN BEIM SPAZIERGANG AM STRAND SCHON EINMAL BEGEGNET. ABER WORUM ES EIGENTLICH GEHT, DAS IST DANN MEIST SCHON IM BAUCH EINER MÖWE ODER EINES ANDEREN STRANDBEWOHNERS VERSCHWUNDEN. BESSER IST ES DA, DIESE MUSCHELN BEIM FISCHHÄNDLER ZU ORDERN. LASSEN SIE SICH NICHT VON IHREM AUSSEHEN ABSCHRECKEN; GENAU WIE ALLE ANDEREN MUSCHELN SIND SIE SEHR KÖSTLICH – GANZ BESTIMMT MIT EINEM GLAS PERLENDEM CHARDONNAY.**

*Zutaten (für 4 Personen)*
1 kg Schwertmuscheln

### FÜR DIE WARME BACON-VINAIGRETTE:

100 g dünne Scheiben Bacon
200 ml Olivenöl
4 EL Balsamicoessig
1 EL Kapern, fein gehackt
2 Schalotten, geschält und klein geschnitten
½ Bund glatte Petersilie, fein gehackt
4 Zweige Thymian, die Blätter abgezupft
grobes Meersalz
schwarzer Pfeffer, frisch gemahlen

1 Zitrone, in Spalten geschnitten und gegrillt
½ Bund glatter Petersilie, nur die Spitzen (eventuell kurz frittiert)

*Außerdem:*
Grill zum direkten Grillen

*Zubereitung*
Vorbereitungszeit: 1 Stunde
Zubereitungszeit: 5 Minuten

Einen großen Grill fürs direkte Grillen vorbereiten und auf eine Temperatur von 250 °C erhitzen.

Zuerst die Schwertmuscheln unter fließendem Wasser abspülen und auf einem Küchentuch gründlich abtropfen lassen. Für die Bacon-Vinaigrette den Bacon auf dem Grill knusprig grillen. Auf Küchenpapier abtropfen lassen und sehr fein hacken. Die restlichen Zutaten in einer kleinen Pfanne mischen und diese auf eine Seite des Grills schieben, damit sich die Vinaigrette erwärmt.

Den Grillrost mit Olivenöl bestreichen. Die Schwertmuscheln aufklappen und mit der Fleischseite auf den Rost legen. Etwa 10–15 Sekunden kurz grillen, dann wenden und noch 10 Sekunden auf der Schalenseite braten. Die Schwertmuscheln insgesamt nicht länger als 30 Sekunden grillen, sonst werden sie zäh. Die gegrillten Schwertmuscheln auf einer großen Platte anrichten und mit der lauwarmen Vinaigrette beträufeln. Zum Schluss mit den Baconbröseln und der (frittierten) Petersilie bestreuen und mit den gegrillten Zitronenspalten garnieren. Dazu ein rustikales Landbrot servieren. Die Vinaigrette ist ideal zum Dippen.

# RIESEN-GARNELEN

## MIT ORANGEN-MEERRETTICH-GLAZE

**FÜR RIESENGARNELEN VON GUTER QUALITÄT MUSS MAN SCHON ETWAS TIEFER IN DIE TASCHE GREIFEN. JE GRÖSSER DIE GARNELEN, DESTO FLEISCHIGER UND LECKERER SIND SIE. ES LOHNT SICH ALSO. WENN SIE IN BACON GEWICKELT UND GEGRILLT WERDEN, SOLLTEN SIE EINEN SCHÖNEN „BODY" – ALSO MÖGLICHST VIEL FLEISCH – HABEN. SO WIRD VORGEBEUGT, DASS SIE ZU STARK GAREN UND TROCKEN WERDEN, BEVOR DER BACON KROSS IST.**

*Zutaten (für 4 Personen)*

### FÜR DIE ORANGEN-MEERRETTICH-GLAZE:

3 EL Orangenmarmelade
1 EL Orangenkonfitüre
2 TL Honig
1 TL Meerrettich, geraspelt
schwarzer Pfeffer, frisch gemahlen

12 rohe Riesengarnelen, mit Schale
12 Blätter Basilikum
12 Scheiben Bacon
schwarzer Pfeffer, frisch gemahlen

*Außerdem:*
12 Schaschlikspieße,
in Wasser eingeweicht
Backpinsel
Grill zum direkten Grillen

*Zubereitung*
Vorbereitungszeit: 1 Stunde
Zubereitungszeit: 10 Minuten

Für die Orangen-Meerrettich-Glaze die Orangenmarmelade und die -konfitüre in einem Topf leicht erhitzen, bis beides eine dickflüssige Konsistenz hat. Den Honig, den Meerrettich und Pfeffer zugeben und alles gut umrühren.

Den Grill fürs direkte Grillen vorbereiten und auf eine Temperatur von 250 °C erhitzen. Den Grillrost leicht mit Olivenöl einpinseln. Die Riesengarnelen schälen, aber auf keinen Fall den Kopf und den Schwanz entfernen. Mit einem Messer den Rücken aufschneiden und den Darmkanal unter fließendem Wasser herausspülen. Die Riesengarnelen mit Küchenpapier trocken tupfen und leicht mit Pfeffer würzen. Durch jede Riesengarnele, von Kopf bis Schwanz, einen Spieß stecken. Auf den Rücken jeder Garnele ein Basilikumblatt legen und jede Garnele mit einer Scheibe Bacon umwickeln.

Die Riesengarnelen auf den Grillrost legen und unter regelmäßigem Wenden grillen, bis der Bacon knusprig ist und die Garnelen fertig gegart sind. Die Garnelen mit der Orangen-Meerrettich-Glaze bestreichen und kurz grillen, damit die Glaze schön karamellisiert. Eine wunderbare Beilage zu einem frischen Sommersalat.

GOODNESS

# BBQ FÜR ECHTE KERLE

# BBQ FÜR ECHTE KERLE

**GRILLEN HAT SCHON IMMER EINE MAGISCHE ANZIEHUNGSKRAFT AUF MÄNNER GEHABT. DIE KOMBINATION AUS FEUER UND FLEISCH ERSCHEINT VIELEN EINFACH UNWIDERSTEHLICH. WENN SIE SICH DAVON AUCH SO BEGEISTERN LASSEN KÖNNEN, DANN MACHEN SIE SICH AUF ETWAS GEFASST, DENN IM KAPITEL „BBQ FÜR ECHTE KERLE" GEHT'S AN DIE ECHTE ARBEIT. GROSSE FEUER, GANZE TIERE UND LANGE ZUBEREITUNGSZEITEN, DIE IHRE GEDULD AUF EINE HARTE PROBE STELLEN. WENN SIE EINE LISTE MIT FLEISCHGERICHTEN HABEN, DIE SIE NOCH IRGENDWANN EINMAL ZUBEREITEN WOLLEN, DANN STEHT DARAUF WAHRSCHEINLICH AUCH EIN GANZES SCHWEIN. DANN WOLLEN WIR UNS MAL AN DIE ARBEIT MACHEN UND DIE KULINARISCHEN WÜNSCHE UMSETZEN. DIE MEISTEN REZEPTE SOLLTEN SIE NICHT ALLEINE ZUBEREITEN. DIE MESSLATTE LIEGT HOCH, SODASS SIE SICH MIT IHREN FREUNDEN AN EINEM WOCHENENDE AN DIESE PROJEKTE HERANTRAUEN SOLLTEN.**

## Intuitives Kochen

Grillen ist keine Naturwissenschaft, sondern vielmehr eine Art der Zubereitung, bei der Sie alle Sinne einsetzen müssen, um ein gutes Ergebnis zu erzielen. Anders als bei einem Backofen, den Sie gradgenau einstellen können, ist hier eine gute Beherrschung des Feuers wichtig, um die Temperatur konstant zu halten. Während Ihrem Backofen Regen oder Wind egal sind, sieht das beim Outdoor-Kochen schon anders aus. Für ein gutes Resultat müssen Sie lernen, intuitiv zu kochen und statt Uhr und Backofenthermostat Ihre Sinne einsetzen. Beobachten Sie, wie das Feuer brennt.

Glimmen die Kohlen nur leicht oder schlagen die Flammen gegen das Fleisch? Beobachten Sie, wie der Rauch aufsteigt. Sind es nur feine Rauchschwaden oder sieht man vor lauter Rauch das Fleisch nicht mehr? Spüren Sie die Hitze im Gesicht und an den Händen? Können Sie Ihre Hände problemlos über das Feuer halten oder ist Ihr Feuer so heiß geworden, dass Sie nicht mehr in seine Nähe können? Riechen Sie die Aromen, die Ihnen verraten, ob herrliche Geschmackserlebnisse entstehen oder ob Ihr Gericht gerade anbrennt. Und hören Sie das Zischen des Fleisches auf dem heißen Grillrost und die Säfte, die ins Feuer tropfen und das Feuer zum Fauchen bringen?

Schon diese Betrachtungen zeigen Ihnen, wie ohne Thermometer oder Uhr die Zubereitung Ihres Gerichts abläuft. Für die Gerichte in diesem Kapitel werden Sie lernen, ganz intuitiv zu kochen. Sie arbeiten mit Kohlen, die Sie aus einem Lagerfeuer schaufeln. Statt die Garraumtemperatur zu messen, müssen Sie selbst sehen, wie das Fleisch auf Hitze reagiert. Passiert gar nichts? Dann ist das Feuer zu schwach. Nimmt das Fleisch schnell Farbe und wird es schon nach einer Minute dunkel? Wahrscheinlich ist die Hitze dann zu groß. Nimmt das Grillgut langsam Farbe, bildet sich nach einiger Zeit eine schöne Kruste und fließen die Säfte heraus? Dann haben Sie genau die richtige Balance gefunden.

# DRY-AGED RINDERKARREE

## MIT GERÄUCHERTER KNOBLAUCHSAUCE

**JEDES MAL, WENN ICH VOR DEM SCHAUFENSTER DER METZGEREI CHATEAUBRIAND IN HEEMSTEDE STEHE, FÜHLE ICH MICH WIE EIN KIND IM BONBONLADEN. REIHEN VON PRACHTVOLLEN CÔTE DE BŒUFS, RIPPEN UND DICKE ENTRECÔTES VON VERSCHIEDENEN RASSEN UND REIFEGRADEN LIEGEN, WIE DER SCHMUCK BEIM JUWELIER, VOR MIR UND PRUNKEN IN DER GUT GEKÜHLTEN VITRINE.**

Metzger Johann van Uden hat bisher zweimal den Titel „Metzger des Jahres" gewonnen, und zwar ganz zu Recht, wie ich finde. Johanns Spezialität ist trocken abgehangenes Fleisch des schottischen Aberdeen-Angus-Rinds, das er selbst in seiner maßgeschneiderten Reifekammer reifen lässt. Für dieses Rezept brauchen wir ein Rippenstück von etwa 4,5 kg, das wir auf dem Grill low & slow zubereiten und mit einer wunderbaren Jus aus geräuchertem Knoblauch servieren.

*Zutaten (für 4–5 kg Fleisch)*

1 Hochrippe vom Dry-Aged Aberdeen-Angus-Rind (4–5 Rippen breit)
1 Knoblauchknolle
½ Bund Rosmarin
4 EL Olivenöl
Salz und schwarzer Pfeffer, frisch gemahlen

### FÜR DIE GERÄUCHERTE KNOBLAUCHSAUCE:

1 geräucherte Knoblauchknolle
300 ml Rotwein
400 ml Demi-glace (reduzierter Rinderfond, in Feinkostläden erhältlich, Reste in Eiswürfelförmchen einfrieren)
3 Zweige Rosmarin
2 EL gekühlte Butter
2 EL Rauchsalz
schwarzer Pfeffer, frisch gemahlen

*Außerdem:*

großer Grill/Smoker mit mindestens 50 cm Durchmesser und mit Deckel zum indirekten Grillen
4 Hickory-Chunks
BBQ-Guru (siehe Seite 13, wahlweise)
Aluminiumfolie
Kernthermometer

*Zubereitung*

Vorbereitungszeit: 1 Stunde
Zubereitungszeit: ca. 4 Stunden

Den Grill/Smoker fürs indirekte Grillen vorbereiten und auf eine Temperatur von 180 °C erhitzen. Bitten Sie den Metzger bei der Bestellung der Hochrippe, die Knochen zu parieren. Mit diesem Begriff wird in der Küche das Säubern der Knochen bezeichnet, damit diese bei der Zubereitung „schön" bleiben. Festes Fett oder Haut an der Außenseite des Fleisches werden mit einem Filetiermesser weggeschnitten. Mit dem Filetiermesser ein Rautenmuster in das Fleisch schneiden: Dazu alle 2 cm eine 1,5 cm tiefe Kerbe einritzen. Die Knoblauchzehen schälen und jede Zehe längs vierteln. Kleine Stücke vom Rosmarinzweig abpflücken. Die Hochrippe mit Olivenöl einreiben und in die Einkerbungen den Knoblauch und die Rosmarinstängel stecken. Das Rippenstück großzügig mit Salz und Pfeffer würzen.

Die Hickory-Chunks zwischen den glühenden Kohlen verteilen und die Hochrippe so auf den Grillrost legen, dass die herausstehenden Knochen nach oben zeigen. Den Deckel schließen und die Temperatur 2 Stunden konstant auf 180 °C halten (eventuell mit dem BBQ-Guru arbeiten).

Nach 2 Stunden alle Knochen mit Aluminiumfolie umwickeln, damit sie nicht schwarz werden, und die Hochrippe noch 1½–2 Stunden bei 180 °C garen, bis die gewünschte Kerntemperatur erreicht ist: 50 °C für blutig gebraten (rare), 54 °C für rosa gebraten (medium-rare) und 60 °C für halb durchgebraten (medium).

In der Zwischenzeit für die Knoblauchsauce den geräucherten Knoblauch schälen. Die Zehen zusammen mit dem Rotwein in einen Topf geben und über starker Hitze zum Kochen bringen. Auf ein Drittel einkochen lassen und die Demi-glace und die Rosmarinzweige zugeben. Fast zum Kochen bringen und dann 10 Minuten ziehen lassen. Die Knoblauchzehen und die Rosmarinstängel entfernen, die gekühlte Butter unter die Sauce rühren und mit Salz und Pfeffer würzen. Sobald die gewünschte Kerntemperatur erreicht ist, die Hochrippe vom Grillrost nehmen und unter einem Stück Aluminiumfolie 10 Minuten ruhen lassen. Erst am Tisch anschneiden. Zusammen mit der Knoblauchsauce, dicken Pommes frites und dem Röstpaprika-Salat (Seite 33) servieren.

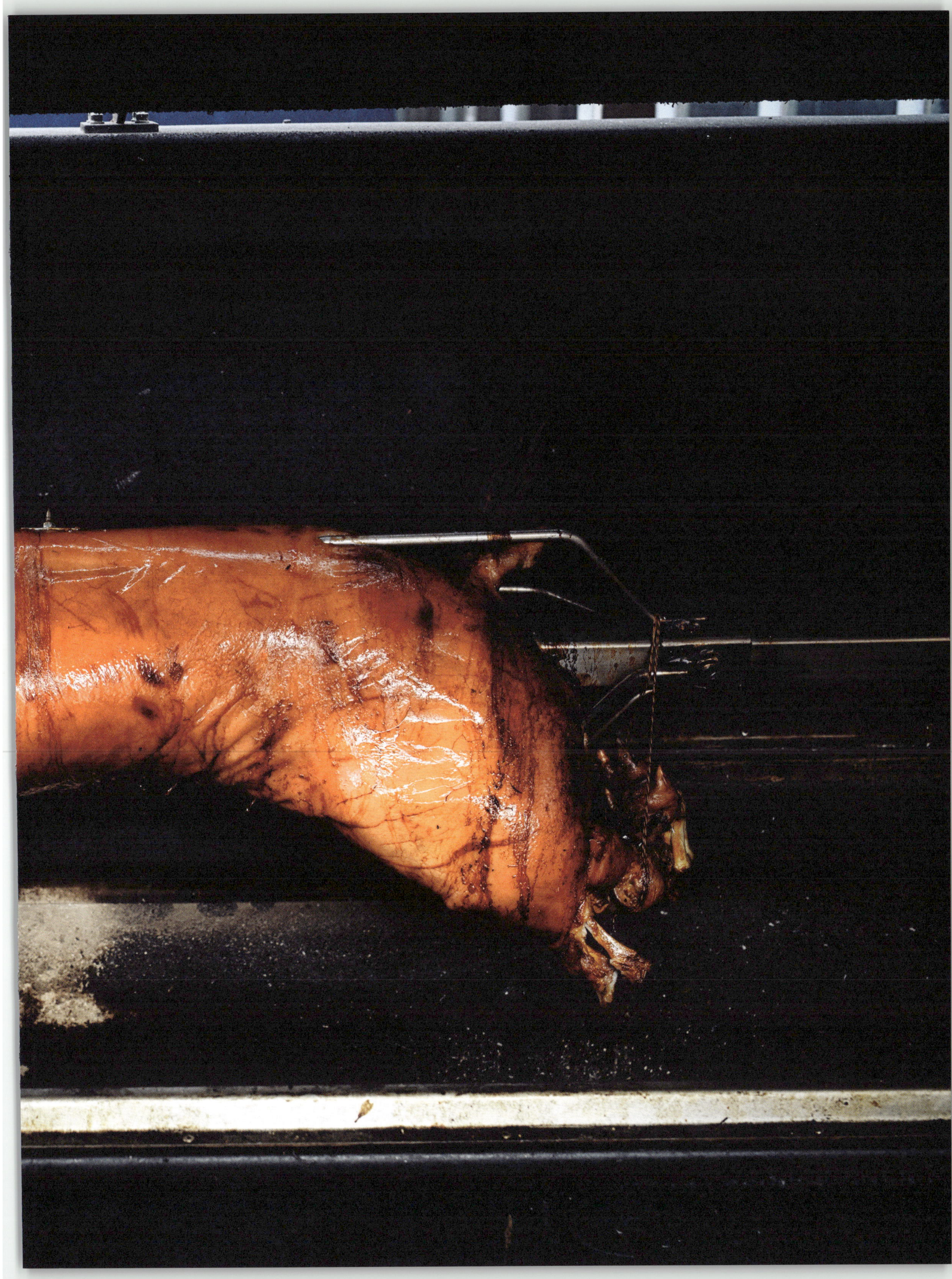

# PIG ON A SPIT

**OH, YEAH, JETZT WIRD ES ERNST! EIN SPANFERKEL ZUZUBEREITEN STEHT BEI VIELEN MÄNNERN GANZ OBEN AUF DER KULINARISCHEN WUNSCHLISTE. UND ZU RECHT. JEDER ERNSTHAFTE BBQ-LIEBHABER MUSS EINMAL IM LEBEN EIN SCHWEIN AM SPIESS ZUBEREITET HABEN. DIE ZUBEREITUNG EINES DERART GROSSEN GERICHTS ERFORDERT ETWAS AUFMERKSAMKEIT, EINE GRÜNDLICHE VORBEREITUNG UND EINE GROSSE GENIESSERSCHAR, DIE SICH AN DAS FERTIGE SCHWEIN WAGT! OUTEN SIE SICH ALS ECHTER PITMASTER, INDEM SIE DAS FEUER MIT HOLZ, HOLZKOHLE UND BRIKETTS FÜTTERN, BIS DAS SCHWEIN AUSREICHEND GEGART IST. ERKLIMMEN SIE DIREKT MEHRERE STUFEN GLEICHZEITIG AUF DER LEITER ZUM BBQ-OLYMP.**

Suchen Sie sich einen guten Metzger, bestellen Sie rechtzeitig ein großes Spanferkel und fragen Sie ihn gleichzeitig, ob er auch einen Drehspieß mit Motor vermietet. Kann er damit nicht dienen? Dann probieren Sie Ihr Glück bei einem Cateringbetrieb, in Ihrer Nachbarschaft oder im Internet auf entsprechenden BBQ-Seiten. Die meisten BBQ-Fans sind ziemlich sozial eingestellt und leihen Ihnen, gegen eine Flasche Whisky, gern das gewünschte Equipment.

III II

*Zutaten (für 40–50 Personen)*
1 ganzes Schwein von ca. 40 kg (am besten ein schönes Schwein aus guter Haltung, wie etwa ein *Heyde-Hoeve*-Schwein). Achtung: Das Schwein rechtzeitig beim Metzger vor Ort bestellen. Mindestens fünf Tage im Voraus.

## FÜR DIE INJEKTION:

1 l Apfelsaft
600 ml Cidre-Essig
300 ml Weißwein
2 EL Salz
1 EL schwarzer Pfeffer, grob gemahlen
grobes Meersalz
schwarzer Pfeffer, frisch gemahlen, nach Geschmack

## FÜR DIE ITALIENISCHE KRÄUTERFÜLLUNG:

3 Knoblauchknollen
5 kg Zwiebeln
2 Bünde Basilikum
2 Bünde Rosmarin
2 Bünde Salbei
1 Bund Oregano
100 ml Olivenöl
1 EL geräuchertes Paprikapulver
70 g Salz

*Außerdem:*
Drehspieß (möglichst mit Rückenklammern und Motor)
große Feuerstelle
Injektionsnadel
Eisendraht (wahlweise)
Küchengarn und große Nadel
Pinsel
Fleischzartmacher (Fleischstecher mit zahlreichen kleinen Klingen) oder ein Dutzend Metallspieße, zusammengebunden
Kernthermometer

*Zubereitung*
Vorbereitungszeit: 1½ Stunden
Zubereitungszeit: 7–8 Stunden

Ein großes Feuer vorbereiten, bei dem die Kohlen nicht direkt unter dem Drehspieß liegen, sondern links und rechts vom Spieß verteilt sind. So kann das Fett des Schweins nicht in die Kohlen tropfen und aufflammen. Darauf achten, dass die meisten Kohlen an der Außenseite liegen, wo Schultern und Schinken hängen, und dass in der Mitte nur eine geringe Hitze entsteht (so wird das Filet nicht zu stark gegart und zu trocken).

Für die Injektion alle Zutaten in einer Schüssel mischen. Das Schwein mit dem Rücken nach unten auf eine große Arbeitsfläche legen und die Bauchhöhle ein wenig öffnen. Mit einem kleinen Messer die Nieren (sie sind nach dem Schlachten meist noch nicht entfernt worden), festes Fett und die Haut an der Innenseite des Schweins abschneiden. Mit einer Injektionsspritze die gesamte Injektionsflüssigkeit in Schultern, Schinken und Filet injizieren. Die gesamte Bauchhöhle großzügig mit grobem Meersalz und schwarzem Pfeffer einreiben.

Für die Kräuterfüllung alle Knoblauchzehen und Zwiebeln schälen und die Zwiebeln vierteln. Den Knoblauch und die Zwiebeln mit den frischen Kräutern mischen. Vor dem Füllen das Schwein zunächst auf den Drehspieß stecken (sonst wird die Füllung direkt wieder herausgedrückt). Dazu den Spieß durch die Schnauze nach innen stechen, am Rückgrat entlangführen und durch das Becken wieder nach außen stechen. Die Klammern am Spieß befestigen (so sitzt das Schwein beim Drehen fest am Spieß und kann nicht hin- und herrutschen). Sollte der Spieß keine Klammern besitzen, dann zum Befestigen Eisendraht nutzen. Die Bauchhöhle mit der Kräutermischung füllen und den Bauch mit Küchengarn und Nadel fest zunähen. Mit dem Fleischzartmacher kleine Löcher in das gesamte Schwein stechen und das Fleisch mit wenig Olivenöl, geräuchertem Paprikapulver und Salz einreiben.

Den Spieß mit dem Schwein in die Halterung des Drehspießes heben und den Motor befestigen. Das Feuer durchgehend brennen lassen und das Schwein 6–7 Stunden rotieren lassen. Zwischendurch in den dickeren Teilen (Schulter und Schinken) die Kerntemperatur messen. Das Schwein ist gar und schmeckt am besten, wenn eine Kerntemperatur von mindestens 75 °C erreicht ist. Wenn das Fleisch eine Temperatur von 70 °C erreicht hat, das Feuer etwas vergrößern und die Schweinehaut großzügig mit Salz bestreuen, damit sie schön knusprig wird. Noch 1 Stunde weitergaren, bis die gewünschte Kerntemperatur erreicht ist und das Schwein eine schöne Kruste hat. Die Haut sollte sich dann ein wenig hart anfühlen, wenn mit der Rückseite eines Messers dagegen geklopft wird. Den Drehspieß mit zwei Personen von der Halterung nehmen und auf eine große Arbeitsplatte legen. Den Spieß herausziehen und das Schwein vor dem Anschneiden 15 Minuten ruhen lassen. Zuerst das Garn, das die Bauchhöhle zusammengehalten hat, entfernen und dann die Füllung herausnehmen. Diese hat ihr Aroma bereits an das Fleisch abgegeben. Auf größeren Feiern und Partys eine Auswahl an selbst gemachten Saucen servieren. Die Hungry Crowd wird es freuen.

# HILLBILLY HOG ROAST

**VERGESSEN SIE DIE TEUREN KOCHLÄDEN; FÜR DIESES PROJEKT ERLEDIGEN SIE IHRE EINKÄUFE BEIM BAUMARKT VOR ORT. MIT BESCHRÄNKTEN MITTELN EINEN HILLBILLY-GRILL (AUCH ALS PIT BEKANNT) ZU BAUEN UND DARAUF EIN GANZES SCHWEIN LANGSAM ÜBER DER SELBST HERGESTELLTER HOLZKOHLE ZU GAREN, DAS IST SCHON EINE BESONDERE ERFAHRUNG, DIE SIE AM BESTEN ZUSAMMEN MIT IHREN BBQ-FREUNDEN ERLEBEN. DURCH DIE LANGE GARZEIT (VON ETWA 14 STUNDEN) ÜBER DEM HOLZFEUER WIRD DAS SCHWEINEFLEISCH UNGLAUBLICH ZART. BESTELLEN SIE DAS SCHWEIN RECHTZEITIG BEIM METZGER VOR, LADEN SIE EINIGE FREUNDE EIN, RESERVIEREN SIE EINEN BULLI FÜR DIE EINKÄUFE, DANN NOCH EINIGE KÄSTEN BIER UND DAS KULINARISCHE ABENTEUER KANN BEGINNEN.**

*Zutaten (für 40–50 Personen)*

## FÜR DIE INJEKTION:

1 l Apfelsaft
600 ml Cidre-Essig
300 ml Weißwein
2 EL Salz
1 EL schwarzer Pfeffer, fein gemahlen

1 ganzes Schwein, ca. 40 kg (am besten ein schönes Schwein aus guter Haltung wie etwa ein *Heyde-Hoeve*-Schwein). Achtung: Das Schwein rechtzeitig beim Metzger vor Ort bestellen. Mindestens fünf Tage im Voraus.
400 g „Piggy Mix"-BBQ-Kräuter (siehe Seite 27)
1 l „Smokey's Original"-BBQ-Sauce (siehe Seite 28)

*Außerdem:*
24 Gehwegplatten 30 x 30 cm
90 Ziegelsteine 29 x 19 x 14 cm
3 Baustahlgitter
2 große Stahlplatten 125 x 150 cm als Abdeckung für den Pit
Feuerstelle
Schaufel
Kernthermometer für das Fleisch
Thermometer mit langem Kabel zum Messen der Pit-Temperatur
Sprühflasche
Pinsel
Injektionsnadel
Aluminiumfolie (1 große Rolle)
Küchenbeil
½ Kubikmeter Brennholz (vorzugsweise Apfelholz)

*Zubereitung*
Vorbereitungszeit: 2½ Stunden
Zubereitungszeit: 14 Stunden

Für den Bau des BBQ-Pits zuerst eine gerade Bodenfläche auswählen und darauf die Gehwegplatten folgendermaßen anordnen: Jeweils drei Platten in der Breite und acht Platten in der Länge legen. Ein Rechteck aus Ziegelsteinen außen um die Platten legen. Dann ein zweites Rechteck aus Ziegelsteinen, jeweils um einen halben Stein versetzt, über das erste Rechteck legen. Ein drittes Rechteck darüberlegen, dabei die Steine wiederum versetzt auflegen. Nun an jeder Ecke des unteren Rechtecks einen Stein entfernen, damit eine Öffnung entsteht, durch die die Kohlen nachgeschoben werden können. Auf das dritte Steinrechteck jeweils an den Enden des Pits die beiden Baustahlgitter auflegen. In der Mitte liegt nun kein Rost, doch das stört nicht weiter. Über die Steine und über die gerade abgelegten Stahlgitter ein viertes Rechteck aus Ziegelsteinen legen. Nun an einer sicheren Stelle ein ordentliches Feuer anzünden und das Holz zu Holzkohle verbrennen.

Für die Injektionslösung alle Zutaten in einer Schüssel verrühren. Das Schwein vorbereiten und mit dem Rücken auf eine große Arbeitsfläche legen. Einen Helfer bitten, mit den Händen den Brustkorb auseinanderzudrücken. Das Küchenbeil an den Rückenwirbeln zwischen den Schultern ansetzen und mit einem Holzscheit von hinten auf das Beil schlagen, um die Wirbel zu spalten. Das Küchenbeil immer ein Stück versetzen und jeweils mit dem Holzscheit von hinten auf das Beil schlagen. Diesen Schritt so lange wiederholen, bis das ganze Rückgrat ordentlich in der Mitte durchtrennt ist und das Schwein flach hingelegt werden kann. Mit einem Filetiermesser alle festen Fettstücke, Nieren und Häute abschneiden. Mit einer Injektionsnadel die gesamte Injektionsflüssigkeit in das Schwein injizieren. Die eventuell ausgetretene Flüssigkeit auf dem Fleisch trocken tupfen. Das Fleisch mit den „Piggy Mix“-BBQ-Kräutern einreiben. Das Schwein zu zweit, mit der Hautseite nach unten, auf das dritte Baustahlgitter legen. Nun dieses Gitter mit dem Schwein auf die beiden bereits eingebauten Stahlgitter legen. Das Thermometer mit dem langen Kabel in den „Grill“ legen, damit die Umgebungstemperatur im „Garraum“ kontrolliert werden kann. Die glühende Holzkohle mit einer Schaufel durch die Öffnungen in die Ecken des BBQ-Pits schaufeln. Zunächst mit kleinen Kohlehäufchen beginnen, bis die Umgebungstemperastur 110 °C beträgt. In den nächsten 14 Stunden die Temperatur konstant halten, bis das Schwein eine Kerntemperatur von 87 °C in den Schultern und im Schinken hat. Wenn das Schwein durch den Rauch zu schnell dunkel wird, die Fleischseite in Aluminiumfolie wickeln. Dazu die Folie möglichst unter die Seiten des Schweines drücken, um eine möglichst große Fläche der Haut abzudecken. Das Schwein vor dem Servieren mit der BBQ-Sauce einpinseln. Das Schwein mitsamt „Grillrost“ aus dem Pit heben und auf einen großen, mit Aluminiumfolie abgedeckten, Tisch legen. Damit es ein echtes Erlebnis für die Gäste wird, kann sich jeder mit Messer und Gabel etwas Fleisch vom Schwein abschneiden, *Pig Pickin'* wird das in den USA genannt.

SMOKEY GOODNESS.NL
AUTHENTIEKE BBQ CATERING
SMOKEY
GOODNESS

VEDETT

AUTHENTIC BARBECUE
JORD ALTHUIZEN

AUTHENTIC
SMOKEY
GOODNESS
BARBECU

# PORCHETTA AM DREHSPIESS

**DER AM HOLZFEUER ZUBEREITETE ITALIENISCHE SCHWEINEFLEISCHKLASSIKER PORCHETTA IST EIN ECHTES BBQ-ERLEBNIS IM EIGENEN GARTEN. BITTEN SIE IHREN METZGER UM EINEN SCHWEINEBAUCH OHNE KNOCHEN, OHNE KNORPEL, ABER MIT SCHWARTE, UM SICHERZUGEHEN, DASS SIE SOWOHL SPECK ALS AUCH FLEISCH BEKOMMEN.**

*Zutaten (für 6–7 kg)*

## FÜR DIE KRÄUTERFÜLLUNG:

4 EL Fenchelsamen
1 EL Wacholderbeeren
2 EL schwarze Pfefferkörner
1 EL rote Pfefferkörner
2 Zitronen
12 Knoblauchzehen, geschält und fein gehackt
3 EL Fenchelpulver
2 TL Muskatnuss, frisch gerieben
8 EL frischer Rosmarin, fein gehackt
3 EL frischer Salbei, fein gehackt
4 EL grobes Meersalz

1 Schweinebauch ohne Knochen, ohne Knorpel, mit Schwarte von einer guten Schweinerasse wie etwa *Heyde Hoeve*, *Duroc* oder *Livar*, ca. 7–8 kg
50 g grobes Meersalz

*Außerdem:*
Kräutermühle oder Mörser
Zestenreißer
Drehspieß (mit oder ohne Motor)
großer Grill, Smoker oder Feuerstelle
Holzhohle oder Briketts, eventuell Räucherholz (Apfel oder Buche)
Küchengarn
Stanley-Messer
2 Aluminium-Einwegtropfschalen

*Zubereitung*
Vorbereitungszeit: 1 Stunde
Zubereitungszeit: 6 Stunden

Einen Grill oder eine Feuerstelle fürs indirekte Grillen vorbereiten. Die glühende Kohle in 30–40 cm Abstand parallel zum Drehspieß aufschütten. Die glühenden Kohlen sollten möglichst nicht direkt unter der Porchetta liegen, damit sich das herabtropfende Fett nicht entzündet. Die zwei Aluminium-Einwegtropfschalen mit Wasser füllen und diese direkt unter die Porchetta stellen. Die Kohle sollte während der Zubereitung heiß glühen (sie sollte so heiß sein, dass Sie Ihre Hand nicht länger als 3 Sekunden neben die Porchetta halten können, bevor Sie sie aufgrund der Hitze zurückziehen müssen).

Für die Kräuterfüllung die Fenchelsamen, die Wacholderbeeren, die schwarzen und roten Pfefferkörner in einem Topf über dem Feuer rösten, bis sie fein duften (nach etwa 1 Minute). Abkühlen lassen und in der Kräutermühle oder in einem Mörser zu einem feinen Pulver zermahlen. Die gelben Schalen der Zitronen mit dem Zestenreißer abziehen und die Zesten sehr fein hacken. Die Zitronenzesten und das Kräuterpulver miteinander mischen und den Knoblauch, das Fenchelpulver, die Muskatnuss, den Rosmarin, den Salbei und das Meersalz zufügen und alles gut vermischen.

Den Schweinebauch mit der Schwarte nach oben auf eine große Arbeitsfläche legen. Die Schwarte mit einem Stanley-Messer über die gesamte Länge und im Abstand von 1 cm einschneiden. Dabei nur durch die Schwarte und die darunterliegende Fettschicht schneiden und nicht das Fleisch verletzen. Wenn die ganze Schwarte eingeschnitten ist, den Schweinebauch umdrehen, sodass nun die Fleischseite oben liegt. Diese komplett und gleichmäßig mit der Kräuterfüllung bestreichen.

Den Schweinebauch aufrollen. Dazu den Teil mit dem Bauchspeck (flacher Teil) über das Fleisch (dicker Teil) klappen. So schützt bei der Zubereitung der fette Bauchspeck das etwas trockenere Fleisch. Eventuell die Porchetta verschnüren, damit sie nicht wieder aufgeht. Dies geht am einfachsten zu zweit: Während der eine das aufgerollte Fleisch zusammenhält, legt der andere alle 2 cm Küchengarn um die Rolle und verschnürt das Fleisch. Anschließend die fest zusammengebundene Porchetta auf den Drehspieß stecken, großzügig mit grobem Meersalz einreiben (vor allem die Einkerbungen) und schon ist alles vorbereitet.

Den Drehspieß mit der Porchetta in die Halter des Drehspießes hängen und 5–6 Stunden rotieren lassen, bis sie eine Kerntemperatur von minimum 64 °C hat. Falls die Porchetta bereits eine schöne Farbe bekommen hat und die Schwarte knusprig-kross, das Fleisch aber noch nicht fertig gegart ist, kann die Porchetta mit Aluminiumfolie umwickelt werden. So kann sie nicht zu dunkel werden. Nach dem Ende der Garzeit den Drehspieß mit der Porchetta auf ein großes Schneidebrett legen. Den Spieß herausziehen, das Küchengarn entfernen und die Porchetta in dicke Scheiben schneiden.

DOBÁLNI TILOS !
80 DB
70 M. SISAKÁLARC

# LAMM ASADO-STYLE

**ES IST EIN LANG GEHEGTER TRAUM VON MIR, NACH ARGENTINIEN ZU REISEN UND DORT IN DER PAMPA EIN ECHTES ASADO MITZUMACHEN. DIESE ART DES BARBECUES, BEI DER GANZE TIERE AN EINEM STAHLRAHMEN NEBEN EINEM HOLZFEUER STUNDENLANG LANGSAM GEGART WERDEN, ÜBT AUF MEINEN, NACH FLEISCH LECHZENDEN, GEIST EINE UNGEAHNTE ANZIEHUNGSKRAFT AUS.**

Leider ist es bis heute bei diesem Wunsch geblieben. Doch wenn ich schon nicht bis in die Pampa komme, dann muss dieses Asado-Erlebnis seinen Weg in die Niederlande finden. Wir bauen und verkaufen inzwischen unsere eigenen Asado-Kreuze und geben mit größtem Vergnügen unser Rezept für langsam gegartes Lamm im Asado-Style weiter.

*Zutaten (für 20–25 Personen)*

1 ganzes Lamm, ca. 25 kg (Planen Sie 1–2 Tage Lieferzeit ein)
grobes Meersalz
schwarzer Pfeffer, frisch gemahlen

## FÜR DAS KRÄUTERBOUQUET & DIE MARINADE:

1 Bund Rosmarin
1 Bund Salbei
1 Bund Thymian
1 l Olivenöl
1 Knoblauchknolle
Salz und schwarzer Pfeffer, frisch gemahlen

*Außerdem:*

1 Asado-Grillkreuz von 1,5 m Höhe (bei uns erhältlich oder selbst gebaut)
Eisendraht
2 Zangen
große Feuerstelle
½ m³ Hartholz
1 Holzbesenstiel
Küchengarn
Schaufel und Hacke
Küchenbeil und Holzscheit

*Zubereitung*

Vorbereitungszeit: 1½ Stunden
Zubereitungszeit: 14 Stunden

Zunächst das Feuer entzünden, um die Holzkohle herzustellen. In der Zwischenzeit das Lamm mit dem Rücken auf eine große Arbeitsfläche legen. Eine zweite Person bitten, mit den Händen den Brustkorb auseinanderzudrücken. Das Küchenbeil an den Rückenwirbeln zwischen den Schultern ansetzen und mit einem Holzscheit von hinten auf das Beil schlagen, um die Wirbel zu spalten. Das Küchenbeil immer ein Stück versetzen und jeweils mit dem Holzscheit von hinten auf das Beil schlagen. Diesen Schritt so lange wiederholen, bis das ganze Rückgrat in der Mitte durchtrennt ist und das Lamm flach hingelegt werden kann. Mit einem Filetiermesser alle festen Fettstücke, Nieren und Häute abschneiden. Das Lamm umdrehen, sodass der Rücken oben liegt. Das Asado-Kreuz auf das Lamm legen und mit Draht und zwei Zangen die vier Füße an den Enden des Asado-Kreuzes befestigen. Mit einem kleinen Messer einige Löcher in beide Seiten des Rückgrats stechen und durch diese Öffnungen ein Stück Draht führen, um das Rückgrat am Asado-Kreuz festzubinden. Das ganze Lamm von beiden Seiten gründlich mit Salz und Pfeffer einreiben. Das Asado-Kreuz an ein großes Feuer stellen, dabei sollte das Lamm etwas nach vorn geneigt hängen. Mit einer großen Schaufel Glut vom großen Feuer nehmen und diese unter und vor dem Lamm auf dem Boden verteilen. Dabei nicht zu viel Holzkohle auf einmal aufschichten, sondern das Glutbett langsam aufbauen, bis die Hand nicht länger als 4 Sekunden vor dem untersten Teil des Lamms gehalten werden kann. Für das Kräuterbouquet die frischen Kräuterbünde mit dem Küchengarn an einen Besenstiel binden. Die Knoblauchzehen schälen, sehr fein schneiden und mit dem Olivenöl, Salz und Pfeffer in einem Topf mischen. Den gefüllten Topf an den Rand des Feuers stellen, bis das Öl warm wird. Das Kräuterbouquet hineintauchen und das Lamm dann alle 20 Minuten bestreichen. Das Lamm 12–14 Stunden am gleichmäßig brennenden Kohlenfeuer garen, bis es an den Schultern eine Temperatur von 65 °C erreicht hat. Das Lamm jede Stunde um 180 ° drehen, damit beide Seiten gleichmäßig garen und Farbe bekommen. Die lange Garzeit ist notwendig, damit das Fleisch schön zart wird. Wird das Lamm zu schnell zubereitet, kann das Fleisch zäh werden. Für ein argentinisches Festessen Chimichurri (siehe Seite 30) und Grillmais-Salsa (siehe Seite 33) zum Lamm servieren.

# LACHSFILET

## AUF ZEDERNHOLZPLANKE

**MIT DIESEM REZEPT KÖNNEN SIE SICH WIE EIN TRAPPER IN ALASKA FÜHLEN. SCHON SEIT ALTERS WIRD IN DIESEM AMERIKANISCHEN BUNDESSTAAT FRISCH GEFANGENER FISCH AUF EINE HOLZPLANKE GENAGELT UND NEBEN DEM HOLZFEUER GEGART. DIE CHANCE, DASS DER FISCH VERBRENNT ODER AUSEINANDERFÄLLT, IST GLEICH NULL. DIE PLANKEN GEBEN DEM FISCH NOCH EINE ZUSÄTZLICHE GESCHMACKSNUANCE. VON ALLEN „BBQ-REZEPTEN FÜR ECHTE KERLE“ – DIE AUCH EINEN ECHTEN KERL ETWAS FORDERN – IST DIESES REZEPT WAHRSCHEINLICH DAS EINFACHSTE. GESCHMACKLICH EIN WAHRES BBQ-ERLEBNIS, KANN DIESES AUSGEFALLENE LACHSGERICHT AUF JEDEN FALL MIT DEN ANDEREN BBQ-SPEZIALITÄTEN MITHALTEN.**

*Zutaten (für 4–6 Personen)*
1 ganzes Lachsfilet mit Haut, ca. 1,5 kg
3 EL Fruit Pepper Lemon (fruchtiger Pfeffer mit Zitrone; z. B. von Verstegen)

*Außerdem:*
große Zedernholzplanke, 70 cm x 25 cm
Edelstahlnägel mit großem Kopf, 1 cm lang
Hammer
Stützhölzer, 40 cm lang
Zange
Feuerstelle (in einer Grube)
Brennholz (möglichst Eichenholz)

*Zubereitung*
Vorbereitungszeit: ½ Stunde
Wartezeit: 3 Stunden
Zubereitungszeit: 1¼ Stunde

Die Zedernholzplanke mindestens 3 Stunden in Wasser einweichen. In der Zwischenzeit ein Lagerfeuer in einer Erdgrube einrichten. Das Lachsfilet mit Edelstahlnägeln auf der Planke befestigen. Den Lachs mit der Pfeffermischung bestreuen. Die Holzplanke im Abstand von 40 cm an das Feuer stellen. Die Planke leicht nach hinten kippen und mit einem Stützholz sichern. Nun etwa 1 Stunde 15 Minuten am Feuer garen. Der Lachs schmeckt am allerbesten, wenn er innen noch leicht glasig ist. Vorsichtig mit dem Daumen auf den dicken Teil des Lachses drücken. Wenn der sich fest anfühlt und nur ganz wenig nachgibt, dann ist der Lachs genau richtig gegart.

AUTHENTIC
SMOKEY GOODNESS
BARBECUE
AUTHENTIC
SMOKEY GOODNESS
BARBECUE
AUTHENTIC
SMOKEY GOODNESS
BARBECUE

# DAS SÜSSE

# ENDE

# DAS SÜSSE ENDE

**MÖGEN SIE GEFÜLLTE BANANEN? NEIN. DANN VIELLEICHT EINEN FRISCHEN OBSTSALAT? NEIN. ABER BESTIMMT EINEN FRUCHTSPIESS VOM GRILL? NEIN, NEIN UND NOCHMALS NEIN. BEI SMOKEY GOODNESS DREHT SICH ALLES UM AUSGEFALLENE GERICHTE, DIE ES NICHT ÜBERALL GIBT, UND NICHT UM EINFALLSLOSE FRUCHTDESSERTS. IMMERHIN SIND ES MEIST MÄNNER, DIE AM FEUER ZUSAMMENKOMMEN. UND DENEN MUSS MAN NICHT MIT LANGWEILIGEN FRUCHTHÄPPCHEN KOMMEN. WIR ERGÄNZEN UNSERE DESSERTS VOM GRILL MIT EINER RAUCHIGEN SALZNOTE ODER EINEM ORDENTLICHEN SCHUSS BOURBON UND SORGEN SO FÜR EIN MASKULINES GEGENGEWICHT ZU ALL DEM SÜSSEN. BEI DIESEN DESSERTS KÖNNEN SIE DEN DESSERTWEIN ALSO RUHIG IM SCHRANK LASSEN, DENN DIE FLASCHE BOURBON STEHT SCHON AUF DER ARBEITSFLÄCHE. NA DANN. CHEERS!**

SMOKEY
GOODNESS
AUTHENTIC BARBECUE
JORD ALTHUIZEN

# S'MORES AUS DER PFANNE

## MIT SALZKARAMELL

**DIESER SÜSS-SALZIGE SCHOKOTRAUM IST VOM YANKEE-LAGERFEUER-KLASSIKER S'MORES INSPIRIERT: AUF EINEM STOCK WERDEN SCHOKOLADE UND MARSHMALLOWS ZWISCHEN ZWEI KEKSE GEKLEMMT UND ÜBER DEM FEUER GEBRÄUNT. FÜR DEN BESONDEREN SMOKEY-GOODNESS-EFFEKT HABEN WIR BOURBON UND GERÄUCHERTE KARAMELLSAUCE HINZUGEFÜGT UND SERVIEREN DIE S'MORES IN EINER GUSSEISERNEN PFANNE. UND PLÖTZLICH WOLLEN AUCH DIE STARKEN KERLE WIEDER EIN SÜSSES DESSERT.**

*Zutaten (für 5–6 Personen)*

### FÜR DIE GERÄUCHERTE SALZKARAMELLSAUCE:

100 g Zucker
2 EL Wasser
100 ml Sahne
2 EL Butter
2½ TL Rauchsalz
300 g dunkle Schokotropfen
4 EL Bourbon
300 g Marshmallows
4 EL geröstete Haselnüsse, fein gehackt
16 Vollkorn-Digestives

*Außerdem:*
Grill zum indirekten Grillen
gusseiserne Grillpfanne, Ø 28 cm

*Zubereitung*
Vorbereitungszeit: ½ Stunde
Zubereitungszeit: ca. ½ Stunde

Einen Grill fürs indirekte Grillen vorbereiten und auf eine Temperatur von 240 °C erhitzen.

Für die geräucherte Salzkaramellsauce den Zucker mit dem Wasser in einen Topf geben und den Zucker bei geringer Flamme langsam schmelzen lassen. Möglichst nicht umrühren, damit sich keine Kristalle bilden. Den geschmolzenen Zucker so lange der Hitze aussetzen, bis dieser gerade eine goldene Farbe bekommt. In der Zwischenzeit in einem zweiten Topf die Sahne erhitzen und diese dann in den goldenen Karamell gießen (Achtung! Der heiße Karamellsirup kann eventuell spritzen). Zum Schluss die Butter und das Rauchsalz unter die Karamellsauce rühren.

Die Schokotropfen auf dem Boden der gusseisernen Grillpfanne verteilen. Mit dem Bourbon beträufeln und mit den Marshmallows abdecken. Die gusseiserne Pfanne in den indirekten Bereich des Grills stellen, bis die Schokolade geschmolzen und die Marshmallows gebräunt sind. Mit der geräucherten Salzkaramellsauce beträufeln und mit den Haselnüssen bestreuen. Dazu die Kekse zum Dippen servieren.

283

# GEGRILLTE ANANAS

**ALSO, GUT. NUN KOMMT DOCH EIN DESSERT MIT GEGRILLTEN FRÜCHTEN. ABER NICHT IRGENDEINES. DIE AROMEN DER ASIATISCHEN KÜCHE SIND IN DIESEM GERICHT WEITAUS AMBITIONIERTER ALS BEI DURCHSCHNITTLICHEN BBQ-DESSERTS. SIE HABEN GERADE KEINE ANANAS IM HAUS? JE NACH JAHRESZEIT KÖNNEN SIE AUCH FRISCHE PFIRSICHE ODER NEKTARINEN VERWENDEN.**

*Zutaten (für 4–5 Personen)*

### FÜR DIE HONIG-GEWÜRZ-MARINADE:

100 g Honig
2 EL Maltose (Malzzucker, aus dem Asialaden)
80 ml Bourbon
40 ml Mirin-Fu (jap. Reiswein-Variante ohne Alkohol, aus dem Asialaden)
1 EL Reisessig
1 Vanilleschote
1 Zimtstange
1 Sternanis, zerbröselt
½ TL Szechuanpfeffer
2 TL brauner Zucker
Salz und schwarzer Pfeffer, frisch gemahlen

1 frische Ananas

### FÜR DIE MASCARPONE-KOKOS-CREME:

75 g Mascarpone
100 ml Sahne, steif geschlagen
25 ml weißer Rum
50 ml Kokossahne (im gut sortierten Supermarkt erhältlich)
2 Karamellkekse (z. B. von Lotus)
6 Minzblätter, fein geschnitten

*Außerdem:*
Grill mit gusseisernem Grillrost zum direkten Grillen

*Zubereitung*
Vorbereitungszeit: 1 Stunde
Ruhezeit: mindestens 5 Stunden
Zubereitungszeit: ca. ½ Stunde

In einer Pfanne auf dem Grill den Honig, die Maltose, den Bourbon, den Mirin-Fu und den Reisessig erwärmen. Gut umrühren, damit sich der Honig und die Maltose vollständig auflösen. Die Vanilleschote längs aufschneiden und das Mark herauskratzen. Das Vanillemark und die Vanilleschote in den Topf geben. Die restlichen Zutaten hineingeben und alles bei geringer Hitze 20 Minuten ziehen lassen. Inzwischen die Ananas schälen, den Strunk herausschneiden und die Frucht in 1 cm dicke Scheiben schneiden. Die Ananas mit der warmen Honig-Gewürz-Marinade übergießen und mindestens 4 Stunden marinieren lassen.

Für die Mascarpone-Kokos-Creme in einer kleinen Rührschüssel den Mascarpone cremig rühren. Nach und nach die Schlagsahne unterheben und dann den weißen Rum und den Bourbon vorsichtig untermischen. Für mindestens 1 Stunde in den Kühlschrank stellen, damit die Creme fest wird.

Den Grill fürs direkte Grillen vorbereiten und auf eine Temperatur von 220 °C erhitzen. Die Ananasscheiben jeweils von beiden Seiten grillen, bis sie ein schönes Rautenmuster bekommen, aber noch fest sind. Auf eine Platte legen, mit der restlichen Marinade übergießen und die fein zerbröckelten Karamellkekse darauf verteilen. Mit den Minzblättern dekorieren. Die gegrillten Ananasscheiben mit der Mascarpone-Kokos-Creme servieren.

# GEGRILLTE DONUTS

**DIESES DESSERT IST DIE ESSENZ AUS EINER KULINARISCHEN KREUZBESTÄUBUNG MIT DEM KREATIVEN KOCH ARNE RAMAK. 2015 KÜMMERTEN WIR UNS ZUSAMMEN UM EINEN TEIL DES CATERINGS FÜR DIE FOOD INSPIRATION DAYS. WIR LIEFERTEN VERSCHIEDENE BITES ZUM THEMA „BACON IS BACK" UND STARTETEN MIT UNSERER LIEBLINGSZUTAT BACON. EINE SAHNIG-SÜSSE CREME, AROMATISCH GERÖSTETE DONUTS, EINE KARAMELLIGE GLASUR UND DIE SALZIGE KNUSPRIGKEIT DER PEKANNUSS-BACON-STREUSEL VEREINEN SICH ZU EINEM DESSERT MIT ECHTEM ÜBERRASCHUNGSMOMENT, VON DEM MAN GERN MEHR ESSEN WÜRDE, WENN MAN KÖNNTE. JA, ES IST WIRKLICH MÄCHTIG LECKER!**

*Zutaten (für 4 Personen)*

## FÜR DIE DULCHE-DE-LECHE-ESPRESSO-GLASUR MIT AHORNSIRUP:

1 Dose Kondensmilch (à 397 g)
4 EL Ahornsirup
1 frisch gebrühter Espresso

## FÜR DIE SCHWEIZER GEWÜRZCREME:

300 ml Milch
75 g Zucker
1 Vanilleschote
1 Zimtstange
2 Gewürznelken
2 Sternanis
10 schwarze Pfefferkörner
5 Pimentkörner
1 Kardamomkapsel
3 Eigelb
20 g Mehl
20 g Speisestärke
4 EL brauner Rum
100 g Sahne, locker geschlagen

4 Donuts
50 g Bacon, knusprig gebraten und fein gehackt
50 g Pekannüsse, fein gehackt

*Außerdem:*
Grill mit gusseisernem Grillrost zum direkten Grillen
Saucenflasche
Spritzbeutel

*Zubereitung*
Vorbereitungszeit: 3 Stunden
Zubereitungszeit: ca. ½ Stunde

Die Dose mit der Kondensmilch in einen Topf mit kochendem Wasser legen und bei geringer Hitze 3 Stunden köcheln lassen. Die Dose aus dem kochenden Wasser nehmen und vor dem Öffnen 10 Minuten abkühlen lassen. Den Ahornsirup und den Espresso in die zu Dulche de Leche eingekochte Kondensmilch rühren und die Mischung in eine Saucenflasche füllen.

In einem Topf die Milch mit 25 g Zucker zum Kochen bringen. Die Vanilleschote längs in zwei Teile schneiden, das Mark herauskratzen und das Vanillemark und die Schote in die warme Milch geben. Die übrigen Gewürze zur Milch geben und alles ½ Stunde ziehen lassen. Inzwischen die Eigelbe und 50 g Zucker in einer Schüssel schaumig schlagen. Nach und nach Mehl und Speisestärke hineinsieben. Die warme Milch abseihen und etwas davon in die Eigelb-Zucker-Mischung rühren. Nun die Ei-Zucker-Mischung zur restlichen warmen Milch in den Topf geben und unter Rühren langsam zum Kochen bringen, bis die Creme Bläschen bildet. Die Hitze reduzieren und noch 1 Minute köcheln lassen. Die Creme in eine saubere Schüssel gießen und abkühlen lassen. Die abgekühlte Creme mit braunem Rum und Schlagsahne mischen und diese Mischung in einen Spritzbeutel füllen.

Die Donuts halbieren und die Hälften von beiden Seiten kurz grillen, bis sie warm und knusprig sind. Die Donuts auf Zimmertemperatur abkühlen lassen. Auf die untere Hälfte des gegrillten Donuts eine großzügige Portion Schweizer Gewürzcreme spritzen, die obere Hälfte auflegen und mit der Dulce-de-Leche-Espresso-Glasur beträufeln. Den kross gebratenen und fein gehackten Bacon und die Pekannüsse darauf verteilen. Die restliche Dulce-de-Leche-Espresso-Glasur hält sich im Kühlschrank mindestens 1 Woche.

Franklin
BARBECUE
A LINE
MANIFESTO
WE ARE BYOB FRIENDLY!
You must drink responsibly. If you drink too much, we will ask you to leave.
PLEASE BE RESPECTFUL OF OTHERS.
Please keep "joiners" to a minimum.
IF YOU SMOKE CIGARETTES OR CIGARS,
we ask that you please step a reasonable distance away of the line while doing so.
WE LOVE DOGS!
Dogs must be on a leash and are ok to be on the deck, but not inside dining room.
PLEASE DON'T TAKE A TABLE UNTIL YOU HAVE FOOD.
We have limited seating, and lots of folks waiting so please don't save tables.

# RAN AN DEN GRILL

**GUTES FLEISCH, WUNDERBARE BBQ-KRÄUTER, DAS PASSENDE RÄUCHERHOLZ ODER HOCHWERTIGE GRILLUTENSILIEN: WO BEKOMMT MAN DAS ALLES, WENN MAN SICH WIE EIN PROFI ANS GRILLEN MACHEN MÖCHTE? DIE NACHFOLGENDE LISTE GIBT HILFESTELLUNGEN UND NENNT DIE BESTEN HÄNDLER UND ANBIETER RUND UMS THEMA BARBECUE. WIR VON SMOKEY GOODNESS EMPFEHLEN ZUDEM AUCH UNSERE EIGENE WEBSITE UNTER WWW.SMOKEY-GOODNESS.NL, AUF DER SIE UNTER ANDEREM EIN ANGEBOT AN BBQ-SAUCEN, KRÄUTERN UND ACCESSOIRES FINDEN KÖNNEN.**

## Websites mit BBQ-Informationen

BBQ-Piraten:
**www.bbq-piraten.de/**
BBQ-Treff:
**www.bbq-treff.de/**
„Fire & Food"-Zeitschrift:
**www.fire-food.com/**
Grillsportverein:
**www.grillsportverein.de/**

## BBQ-Wettkämpfe

German Barbecue Association e. V. (GBA):
**gbaev.de/**
Kansas City Barbecue Society (KCBS):
**www.kcbs.us**
KCBS in Europa:
**www.facebook.com/KCBSEurope**

## Gutes BBQ-Equipment

Grillfürst – Kamin und Grill Shop GmbH:
**www.grillfuerst.de**
Grillstar:
**www.grillstar.de**
Santos Grills GmbH:
**www.santosgrills.de**

## BBQ-Temperaturregler

BBQ-Guru:
**www.bbqguru.eu**

## Grills und Smoker

Big Green Egg:
**www.biggreenegg.eu/de**
Monolith:
**www.monolith-grill.eu/**
Rösle:
**www.roesle.de**
RUMO BBQ GmbH:
**www.rumo.de**
Weber:
**www.weber.com/DE**

## Holzkohle & Briketts

Greek-Fire:
**greekfire.de**
proFagus:
**profagus.de**

## Kräuter & Gewürze

Verstegen:
**www.verstegen.eu**

## Beste Fleischqualität

Der Ludwig:
**www.der-ludwig.de**
Creekstone Farms:
**www.creekstonefarms.com**
Gildehoen:
**www.gildehoen.com**
Gourmetfleisch.de
**www.gourmetfleisch.de**
Heyde Hoeve:
**www.heydehoeve.nl**
Natuurlijk Beheer:
**www.natuurlijkbeheer.nl**
Otto Gourmet:
**www.otto-gourmet.de/**

## Gute Metzgereien in den Niederlanden und Belgien

Chateaubriand (Heemstede, Niederlande):
**www.chateaubriand.nl**
De Kapblock (Heverlee, Belgien):
**www.kapblok.be**
De Laet & Van Haver (Hove, Belgien):
**www.delaet-vanhaver.com**
Dierendonck (Sint-Idesbald, Belgien):
**www.dierendonck.be**
Slagerij van Broekhuizen (Dalfsen, Niederlande):
**www.slagerijvanbroekhuizen.nl**
Vleeschhouwerij (Zetten; Niederlande):
**www.vleeschhouwerij.nl**

SMOKEY

# REGISTER

## EIN DANK AN


**Tiffany & Josephine Althuizen** für ihre kontinuierliche Unterstützung während der Entstehung des Buches | **Arjan Gommers, Roland Bijkerk, Dre Meijer und Rokus de Jongh** für die gemeinsame Umsetzung von großartigen Smokey-Goodness-Abenteuern und euren Beistand bei der Realisierung dieses Buches | **Remko Kraajeveld** für den Spaß bei den Fotoshootings und deine Erfahrung und Ideen, die diesem Buch so gutgetan haben | **Erik Rikkelman** für die Akzeptanz und Verarbeiten eines nicht enden wollenden Inputs und die Fähigkeit, den echten Smokey-Vibe in einem fantastischen Design umzusetzen | **Heyde Hoeve** für die Lieferung von himmlisch köstlichem Schweinefleisch | **Johan van Uden** von Chateaubriand für deine grenzenlose Leidenschaft und Inspiration und die unzählbaren Kilo von gutem Fleisch | **Lennert Luiten & Jan Kunz – Luiten Food** für das wunderbare Rindfleisch | **Maarten van den Dries** von Delta Wines für deine Engelsgeduld und die alkoholische Unterstützung | **Harry Havinga** für die schnelle Vermittlung eines echten afrikanischen Braai, der innerhalb von 24 Stunden geliefert werden musste | **Kasper Stuart** für dein Verständnis für mein unstillbares Verlangen nach mehr | **Frank Timmerhuis** für die super-schnelle Umsetzung des Asado-Kreuzes | **Obbe Winkels – Het Kruithuis Delft** für die Zurverfügungstellung von besonderen Räumlichkeiten | **Andrea Wilson** für die unvergessliche und einzigartige Louisville Bourbon Experience | **Tom Bulleit** für den mir gewährten Einblick in die Welt des Bourbons und für eine gute Zeit | **Boulevard Brewery Team** für eure unvergleichliche Begeisterung für Craft Beer | **Giorgio Violino** für die fantastischen W.E.S.T.-Fotos | **alle Pitmaster & BBQ-Teams** für ihre Gastfreundschaft und Geduld bei der Grand Tour durch die zahlreichen von uns besichtigten BBQ-Stätten und -Restaurants | **alle Freunde in der BBQ-Szene**, die mit uns diese vergnügliche und freundschaftliche Umgebung teilen.